俺か、俺以外か。

ローランドという生き方

ROLAND

KADOKAWA

WESTIN
WESTIN

Madrid,Spain

Madrid,Spain

Beijing,China

Beijing,China
The Great Wall of China

Ulaanbaatar,Mongolia

Dubai,United Arab Emirates

Dubai,United Arab Emirates

プロローグ

この本を手に取ってくださった方は、どんな方だろうか。

世界に10億人ほどしかいないと言われる、俺の数少ないファンの方だろうか。

いや、中には「ホストが生意気に本だなんて！」と眉を顰《ひそ》めつつも、お手並み拝見……と手に取ってやった、なんて方もいるかもしれない。


いずれにせよ、自己紹介をしておく。

名前はローランド。

現在歌舞伎町のホストクラブのオーナー業を中心に、実業家として活動している。

サッカー選手を目指して青春のすべてを捧げたが叶《かな》わず、なんとなーく進学した大学を、入学早々に辞める。

そして、少年時代にテレビで見てからなぜか忘れることができず、ずっと頭の片隅にあったホストという世界に入った。

どうせやるからには、帝王と呼ばれる伝説のホストになると心に誓って。

長い下積み時代も経験したが、ここ最近は（自分で言うのもなんなのだが　笑）押しも押されもせぬ現代ホスト界の帝王として、テレビ番組や雑誌などにも大きく取り上げていただいている。

とまあ、自分の略歴はこれぐらいにして。


このたび、なぜ本を書くことになったのか。

数年前からだろうか。

メディアで発信する言葉達が、「ローランド名言」として世間で話題になり始めた。

テレビの放送が終わると決まって、

「この前テレビで言っていたあの言葉は、どうやって生まれたんですか？」

「名言に隠された、深い意味を聞かせてください」

「あれは本気で言っているんですか？　それともキャラ作り？」

といった具合に、とにかく俺の発信する言葉の一つひとつのその裏にある真意について聞かれるのだ。


俺にとって言葉とは、作品のようなもの。

言葉を文字にすると、句読点ひとつで相手の受け取り方や印象がまったく変わる。

比喩や言い回しの工夫で、些細《ささい》な一言がとても味わい深いものになったり。

言葉ひとつで人生が変わったり、明るい気持ちにも嫌な気持ちにもなったりする。

まさに、奥深き芸術の世界なのだ。

そんな「芸術品」と自負する自分の言葉達を自ら解説するなんて、ダサいからしたくない。

映画や小説と一緒で、受け取り方は人それぞれあっていい。

その裏に込められたローランドの意図を、あれやこれやと想像するから楽しいんじゃないか！


そう思っていたけれど、どうしても聞きたいという声があまりにも多かった。

その時にちょうど、本を出版しないかと声をかけていただいた。

だったら一度、皆様の疑問に答えるかたちでまとめてみようと思い、ペンを執《と》った……

もとい、キーボードを打ち始めた次第だ。


この本は、編集部の方が選んでくれた名言を俺が解説するというかたちをとっている。

ホストという仕事柄、言葉には常にストイックに向き合い続けた。

ボキャブラリーの収集は、もはや自分の生き甲斐《いがい》と言えるし、日々新しい表現を追求している。

ドライブ中にふと言葉が浮かび、思わず車を停めてメモすることもあるぐらいだ。

今回も、仕事の合間を縫《ぬ》って、言葉を書き留めていった。

そんな俺の愛情や想いがたくさん詰まった「作品」である言葉達を通じて、明日の生きる活力が湧《わ》いてきたり、きゅんとしたり、笑ってくれたりしたら幸いだ。

ROLAND

俺か、俺以外か。 ローランドという生き方 目次

ローランドの名言　仕事 139

ローランドの名言　人生　171

ローランド　珠玉の名言集　203

ローランド氏をより深く知るためのQ&A 224

ローランド誕生

常に昨日の自分を超えようと心がけて生きてはいるが、基本的に過去は振り返らない。

だが、俺の人生の軌跡《きせき》を知っていただいたほうが、より深く「名言」を理解し、納得してもらえるだろう。

というわけで、ちょっとしたエピソードを交えて、駆け足で自分の半生を振り返ってみようと思う。

1992年7月27日、東京生まれ。自分と双子の妹と、そして弟がいる。
俺はまったく自覚がないのだが、小さい頃から変わった子だと、周囲に言われ続けた。こんな常識人、どこを探してもいないのに！（笑）
父親はミュージシャンであり、有名アーティストと仕事をする機会も多いのだが、その中の一人が俺を見るたびに「おまえは将来、絶対大物になる」と言ってくれていたのを、幼心に覚えている。

自分を語るうえで欠かせないサッカーは、幼稚園に入園と同時に始めた。

それから小学校へ。ここで、小学生時代のエピソードをひとつ。舌が肥えていたため（いや、ただ単に好き嫌いが多いだけだったのだが）給食が完食できない。

見かねた担任が自宅に電話をかけた。すると、その日たまたま仕事がオフで、家にいた父親が電話を受けた。

「お宅の息子さんは好き嫌いが多いようでして、毎日給食をほとんど残すのですが……」

と切り出した担任に、父親はこう答えた。

「好き嫌いが多い？　なんでも好きだとか、どっちでもいいって言う人間の好きという言葉に、いったいなんの価値がありますか？　嫌いなものを、しっかりと嫌いと言えない男にはなるな。そう教えています」

父親はそう言って電話を切ったのだ。父親は誰よりも頑固で、自分の哲学には忠実。相手が息子の担任教師であっても、自分の主張は絶対に曲げない。

当時の担任の先生は、さぞかし扱いにくい親子だと思ったことだろう。

小学校低学年時代、俺らしいエピソードがもうひとつある。

当時、学校ではカードゲームが流行《はや》っていた。みんなが集めたカードを持ちより、それはそれは楽しそうに遊んでいた。

しかし、カードゲームを流行らせたのは俺じゃない。

流行とは自分から発信するものだ。

当時からそう思っていた俺は、けっしてカードゲームには加わらなかった。

みんながカードゲームに夢中になっている中、俺は家にあったビデオで観た『ゴッドファーザー』に感化されていた。

それから『タイタニック』にも大きな影響を受けた。

船内に取り残されたジャック（レオナルド・ディカプリオ）を捜すために船に残って逃げ遅れたローズ（ケイト・ウィンスレット）。再会したのちに、ローズを守って死んでいったジャック。幼心にそんな命《いのち》懸《が》けの恋愛に憧《あこが》れたものだ（とんだおませさんだ）。

俺にとってのローズはどこにいるのだろう。そう思い、クラスメイトを見渡すが、同世代の女の子達は俺の心をときめかせることはなかった。

……命を懸《か》けてでも守りたい。そう思えるほど熱くなれる女性は、当然のことながら小学校の学校生活には存在していなかった。まぁ、実はと言うと、今もまだ出会えていないのだけれども。


中学校に入学し、Jリーグ下部組織のチームに所属した。

本格的にサッカーで世界を目指そうと思い始めたのもこの頃だ。


ところで人間、誰しもが親の影響を受けて育つものだが、例にもれず俺も父親の影響を大きく受けて育った。

あれは中学二年生の頃だっただろうか。父親に「今からバーに来い」と、呼び出された。

そして父親は、カウンターでジュースを飲む俺にたずねる。

「男に生まれた幸せってなんだと思う？」と。

当時14歳か15歳だ。そんなこと、わかるわけがない。

「うーん、いい車に乗ること？」

そんな、ありきたりなことを口にした記憶がある。

「違う。惚《ほ》れた女に振り回されることだ」

父親は、きっぱりそう言った。

好きな女を大切にすること、喜ばせることが男の幸せだ、と。

確かに父親は母親に対して、常に紳士的に振る舞っていた。

家族で出かけたときに、母親が自分でドアノブに触れる場面を見たことがない。どんなときも必ず先にドアを開けて、母親を通す。それが、当たり前の光景だった。

常にレディファースト。そんな背中を見て育った。

そもそもよく考えれば、女性のわがままを実現するには、時間的・経済的余裕がなければならない。

つまり、仕事で成功した一握りの男でないと、好きな女のわがままに振り回されることはできないのだ。

大人になった俺は、あの言葉を「おまえも仕事を成功させ、経済的にも時間にも余裕のある男になれよ」。そう伝えたかったのだと解釈している。

高校は特待生で全国高校サッカー選手権の常連校である帝京高校に入学。同時に入寮。サッカー漬けの毎日を送る。

体育コースだったので、授業は二の次。正解を答えるよりもおもしろいことを言い、笑いを取ると評価されるという、日々、大喜利をこなすような、今考えると特殊な授業スタイルだった。

勉強はできなくても、頭の回転は速い。とっさに気の利《き》いたひとことが言える。体育コースにはそんな学生達がたくさんいた。そりゃ、帝京高校から多くのタレントが生まれるワケだ（笑）。

俺の話術は、高校時代に磨《みが》かれたのかもしれない。

そして悲しいことに体育コースは女子がいないので、女子との接触はほとんどなかった。

『女子』って、本当に実在するのか？」

「まるで、ペガサスみたいな想像上の生き物なのでは？」

そんな感覚だった。

目標は全国選手権大会で優勝すること。それだけを目標に、３６５日中たぶん３７０日ぐらい練習していた気がする。

だがその努力もむなしく、２０１０年10月13日。全国選手権大会予選の決勝で敗れ、俺はサッカー部を引退した。

頭が真っ白になり、無気力に。

激しい虚無感に襲《おそ》われ、一人旅に出たり、ただひたすらボーッとしたりして、新たな自分探しをしていた。

そんな中、先生と両親に勧められ、なんとなく推薦で大学入学を決めたのだが、依然として気持ちはもやもやしたままだった。

そしてついに迎えた大学の入学式の日。ここは俺の居場所じゃない、そう実感した。

この時にわかったのが、俺は人の決めた人生は歩めない、ということ。

自分の人生は自分でクリエイトしたい。

入学式からの帰り道。ふらりと地元の公園に行ってみた。

幼い頃、サッカーをしによく行っていた公園だ。桜の名所で、満開のシーズンには花見客でにぎわう。実はこの時、俺の考えはほとんど決まっていた。昔から頭の片隅にあったホストという仕事で、人生を変えたいと。でも、そんな突拍子もないことを言ったらどうなるだろう？

そんなことを考えながら階段に座り、ぼんやりと散りゆく桜を見ていた。

目の前で、桜の花びらが散っていく。

それを見て思った。

桜は綺麗《きれい》な時に散る。その一瞬の美しさを見に、人々が集まってくる。開花はいつかと、日本中が楽しみにしている。

俺も人々に待ちわびられて、花を咲かせるような、そんな人間になりたい。

華々しく生きたい。

人々を喜ばせて、綺麗な時にパッと散りたい。

数日後、周囲の大反対を押し切り大学を辞め、俺はホストになると決意した。新宿ＡＬＴＡ前に立っているときに一番最初に声をかけてきた店に、そのまま入店を決めた。

最初の１年間はまったく売れず、食事は１日にコンビニのパンひとつだけという時期もあった。あまりに空腹で、歯磨き粉や整髪料のジェルを見て「これも食べられるかな」と思うほどだった。指名してくれたお客様を、愛用のママチャリの後ろに乗せて同伴したこともあった。

だけど、常に自信だけはあった。なぜなら俺だから。

「俺がホスト業界を変える」「伝説を作ってやる」と。

苦労はしたが、次第に指名が増えていった。どんどん売り上げが伸びていき、店のナンバーワンに。

そこからは、右肩上がりだった。

半年ほどで売り上げ１０００万円を記録。当時の歌舞伎町の最年少記録を、次々に塗《ぬ》り替《か》えていった。

そして二十歳《はたち》で店を買収し、オーナーに。

２０１３年１月、地元の成人式に白スーツ姿で凱旋《がいせん》。

「俺、社長だから」と同級生達に得意げに語っていた（当時の俺になにか忠告ができるのなら、「ちょっと君、周りの気持ちも考えたほうがいいよ」と言ってあげたい）。

なんの知識もなく勢いだけの経営をしていた店は、当然のことながらあっけなくつぶれ、新しいオーナーに店を追い出された。

そんな失意の中、俺は、現役ホストとしては史上最高額の移籍金で移籍。

２０１４年、新たな店では一切、売掛《うりかけ》（お客様が店に借金をすること。店にはホストが立て替えた名目になる）をやめた。自身が、３００万円を踏み倒されたという惨《みじ》めな経験からだ。売掛をやめたために一時期は売り上げが6位にまで落ちたが、「これも俺の実力だと思って一から頑張《がんば》ろう」と心機一転。すぐに1位に返り咲き、売掛をしない営業スタイルを確立。

またそのタイミングで、より良い接客をするために、ノンアルコールで接客をするように。これは自分にとって、かなり大きな転機だった。

２０１５年頃からはテレビ番組で、歌舞伎町ナンバーワンホストとして紹介されるようになり、メディアへの露出が増え始めた。

2017年、所属する店舗の取締役に就任。

2018年7月、バースデーイベントで月間6000万円以上を売り上げ、グループの個人最高売り上げ記録を樹立。

名実ともに、歌舞伎町のトップホストとなれたと自負している。

10月、自身が設立した個人事務所シュヴァルツに所属。ローランデール株式会社会長、及び株式会社シュヴァルツ、THE CLUBの代表取締役社長を務める。

12月末、現役ホスト引退。独立。次のステージへ。

とまあ、かなり早足だが、俺の人生はこんな感じだ。

ローランドの
名言

哲学

The aphorism of
ROLAND
"PHILOSOPHY"

俺は、なんのために生まれてきたのか？
人から必要とされて、脚光を浴び、熱狂させるためだ。

こだわりが強い、とよく言われる。

確かに思う。自分は、こだわりが強い人間だと。

自分の決めた法律は世の中の法律と同じ、いや、それ以上に遵守《じゅんしゅ》してきた。

それぐらい、自分の哲学に忠実に生きている。

自分の中のルールとでも言おうか。生きるうえでの指針なのだ。

俺にとって、自分の哲学がないというのは、法律のない無秩序な世の中で生きているのと同じようなものだ。

困ったときや、つらいとき、それから嬉《うれ》しいときも。

どんなときも迷わぬよう、自分なりの哲学というものを大切にしてきた。

哲学に、正しいも正しくないもない。

現在はそう考えている俺も、数年前までは違った。

一般的に言う「トガって」いた頃。

みんながみんな、俺と同じ考えじゃないことがもどかしかった。

「なんで、日本一の店を目指さないんだ？」

「どうして、こんなぬるい状況でやっていけるんだ？」

「限界まで努力しろよ」

この業界に入ったばかりの頃はそんな考えを周りに押しつけて、軋轢《あつれき》を生んだ。

常に頂点を目指してサッカーの練習をしてきたせいもあるのだろう。


「やるなら、ナンバーワンを目指す」

それが、俺の生き方だった。

それしか知らなかった。

華麗《かれい》にゴールを決めて、大観衆の歓声を浴びることはできなかった。

でも俺は、今いる世界で絶対的なスターになってやる！　そんな強い思いがあった。

だけど、みんながみんなローランドじゃない。
なりたくてもなれない人もいるし、そもそもなりたくない人もいる。
自分のペースで、のんびりと歩んでいくことを望む人もいる。
そんな簡単なことに、気づいていなかった。

もちろん、仕事に対しての熱意は譲れない。
妥協はしない。
けれど、歩み寄る限界点を自分の中で設定した。
そのほうが自分だって相手だって生きやすい。
そう気づいた。

それからは俺自身、自分の考えを示すことはあっても、強要することなど絶対にない。
世の中には、俺のように自己愛を前面に出し、傲慢《ごうまん》なほど自分中心に生きることを美徳として生きる人間もいれば、主張しない奥ゆかしさに美学を感じる人もいる。

みんな、それぞれの考えがあっていい。
自分なりの哲学を大切に、そして、自分のことを大切に。

THE APHORISM OF
ROLAND 1
"PHILOSOPHY"

「世の中には二種類の男しかいない。
俺か、俺以外か」

ローランド氏の最も有名と言える名言がこちら。

※注釈は編集部によるものです（以降同様）。

俺は幼少期から、自分は特別な人間だと感じていたし、どこにも属さないし属したくないと心から願う、そんな子どもだった。

もはや、クラスに分けられることすらも抵抗を感じていたことを覚えている。

だから、このセリフは幼少期の頃から頻繁《ひんぱん》に使っていた。

この学校には二種類の生徒しかいない、俺か俺以外か。と(笑)。

「○○系」や「○○タイプ」なんて、カテゴライズされて生きていくなんて、絶対に嫌だった。


そして、大人になって気づいたことがある。

歴史的ななにかを成し遂げるためには、ある程度エゴイスティックになる必要があるし、自分は特別であると信じる必要があると。

そもそも特別な存在で居続けるために、当然ながら、努力も、発想の独創性も、勇気も必要だ。

「俺以外」として生きるほうが何倍も楽だろう。

周りと同じでいい。カテゴライズされた中の一人でいいという感覚は、ぬるま湯のようで楽なのかもしれない。

でも俺は、どんなに楽で居心地が良かろうと、**「俺以外」として人生を歩んでいくのは嫌**なんだ。

きつくても、つらくても、どんな犠牲《ぎせい》を払ってでも、唯一無二の「俺」でいたい。

ドッペルゲンガー達もお手上げになるほど、唯一無二の「俺」でいたい。

俺は、これからも言い続けるだろう。

世の中には二種類の男しかいない。

俺か、俺以外か。とね！

THE APHORISM OF
ROLAND
2 "PHILOSOPHY"

「嫉妬《しっと》や妬《ねた》みは、いい男のアクセサリーみたいなもんだろ?」

妬まれるのが多いことに対して聞かれ。

職業柄、人気商売のため、それなりにファンを抱えている。

おそらく10億人程度なので、まあそんなに多いわけではないが……。

そんな数少ない（！）貴重なファンのことは、とても大切に思っている。

だがしかし、ホストという仕事ゆえに、ファンを嫉妬させてしまうことも多い。


また、ローランドという圧倒的な存在を、妬ましく思う人も数多くいるのが現実だ。

でも、そんな嫉妬や妬みといったものは、いい男にとってのアクセサリーみたいなものだと思っている。


いい男は、嫉妬されて妬まれてナンボなのだ。


俺はアクセサリーというものを、ほとんどつけていない。派手な指輪もネックレスもしていない。

多少古臭い考え方かもしれないが、「男がつける装飾品はシンプルな機械式時計だけだ」というのが俺の考え方。

宝石は、確かに美しい。
でも結局、光がなければ、そのへんの石ころとかわらない存在なんだ。

俺は、自分だけで輝ける。

なぜなら、スターだからね。

なんていうのはジョーク（半分本気）だが、とにかく俺は、アクセサリーは身につけない。

そんな俺を見て、「なぜアクセサリーをつけないのか？」と聞いてくる人もいる。
そんな人達には、こう言っている。

「女の嫉妬と、男の妬みが俺のアクセサリーだ」と。

妬みや僻《ひが》みに悩む人も多いが、別にそんなこと気にしなくたっていいじゃないか。
嫉妬されない人生のほうがつらくない？

陰口は言われないに越したことはないが、それでももし、自分の耳に陰口が入ってこようものなら、それはアクセサリーだと思って堂々と身につけてやればいい。

今日も俺は、たくさんの嫉妬とたくさんの妬みを身につけて、颯爽《さっそう》と出勤する。

THE APHORISM OF
ROLAND
3 "PHILOSOPHY"

「パクリがどうこうって言うのは、
才能が枯渇《こかつ》したと言っているようなもの。
また新しいもの作ればよくない?」

真似《まね》されても気にしない、というスタンスの理由を聞かれて。

ローランドに憧れて、ローランドのセリフや格好《かっこう》を真似する人も多い。ローランドになりたくて、地方からうちの店に面接に来てくれる子たちもいる。中には俺がメディアに発信してきた言葉を、自分が考えたかのように使っている人もいるという。

でも、別にそんなこと、いちいち気にしない。

そもそも**真似されるというのは、魅力的だと思ってもらえている一番の証拠**だ。なりたくないものを真似しようと、人は思わないのだから。

そう考えると光栄なことだし、真似されたらまた新しいものを作り出せばいいだけだ、と思っている。

「パクりやがって！」と言うなんて、「もう僕は、これ以上いいものは作れないです！才能が枯渇しました！」と言っているのと同じだ。

それに、**偽物《にせもの》というものがいて初めて、本物という定義が成り立つ**。**偽物ができたその瞬間から、本物になれる**のだから。

とはいえ、ローランドみたいになりたくても、なるのは難しい。

それは言っておく。

なんてったって、ローランドだからね！

決めゼリフや接客方法、メディアに対してのブランディングの仕方といったことは、日々研究し、更新している。

一回流行ったからといって、ずっとその方法がウケるわけではない。いずれ古くなり、また新しいものを作り出さなくてはいけなくなる。

セリフにしてもそうだ。

一度ウケたからといって、何度もその言葉でウケを取れるわけではないのだ。

だから常に、また新しいいいものを！　と考えている。

「あ、みんなが真似し始めた！」

「これが、世の中のスタンダードになってきたな！」

「では、このタイミングで新しいものを！」

といったような感じで。

真似されることにとやかく言うのは、その努力をしたくない！　と言っているのと同じ。

そんなものはどれだけ流行ろうと、いずれ淘汰《とうた》されていくに違いない。

今こうして、「ローランド」としてブランディングしている方法も、いつかはまた更新していく日が来るだろう。


ただひとつ、どれだけ真似されようと変えたくないものがある。

ブロンドのロングヘアーだ。

これだけは、みんなが真似しようとも絶対に変えたくない。


俺が黒髪にしたら、きっと明日、新宿の駅前では号外が配られるね！（笑）

THE APHORISM OF
ROLAND
4 "PHILOSOPHY"

「100人が100人ダメと言っても、その100人全員が間違えているかもしれないじゃないか」

周りの大反対を押し切ってホストになったことについて。

「多ければ正しい」という、この思考。
これって、非常にリスキーな考え方だと思う。
多ければ正しいの？　少なかったら間違っているの？
少ないほうが正しいことを言っていることだってある。

たとえば、「金銭感覚がおかしい」という言葉。
俺は、**努力不足の人が開き直っている言葉にしか聞こえない**から嫌いだ。
世の中の割合で言えば、金持ちとそうでない人は、そうでない人のほうが多い。
必然的に多数決を取れば、金持ちではない人のほうが勝るわけだ。
多数決で多いから正しいのだと考えて、金持ちの金銭感覚を「違っている」と揶揄《やゆ》する
のは、おかしくはないか？
冷静に考えれば、稼いだぶん使っているだけなのだ。

多ければ正しいとは限らない。

これは、常に自分に言い聞かせてきた言葉だ。

自分の価値観というものを大切にしてきた。

入店初日に俺は、「歴史を塗り替える伝説のホストになる」と言った。

100人が100人できないと言ってきた。

選ばれる側ではなく、あくまで選ぶ側というスタンスで仕事をした。

100人が100人、それは違うと言った。

大学に入学して、早々に辞めた。

100人が100人、馬鹿げていると言った。

その時、俺はこう思ったんだ。

その100人全員が、間違えているのだと。

自分が信じた道を、仮に全員が反対と言うのならば、その全員が間違っていたのだということを証明すればいいだけの話だ。


数年経った今、その100人が全員間違えていたということを、俺は証明できたと思っている。

良くも悪くも、ローランドというホストは、現役のホストとして史上最も名前が売れたと自負している。

そんな俺のセカンドキャリアは、いやでも注目されるであろう。

次の目標は、ホストを経て次のステップでもこれだけ頑張れるのだ！　と業界に夢を与え、世間をあっと言わせること。

そして、ホスト業界の一卒業生として、まだ誰も踏み入れたことのない領域まで歩みを進める。

世の中の誰にも、「ホストは将来がない仕事」なんて言わせない。

全力でホストをした先には、明るい未来が待っていると証明してみせる。


ん？　君にはできないって？

なに、気にしないさ。

もし100人全員にできないと思われても、
またその全員が間違っていたと証明してやる。

THE APHORISM OF
ROLAND
5 "PHILOSOPHY"

「年齢は、どれだけ生きたかは教えてくれても、どう生きたかは教えてくれないだろ？」

「若いくせに……」と言ってきた先輩に対して。

読者の皆様は、「年齢」についてどう考えているだろうか？

「若いのにすごい」「若いくせに生意気な」そんなセリフを、俺は何度言われてきたことかわからない。

二十歳の時のこと。

店舗の代表を誰にするのかといった話の中で、俺は代表に立候補した。ほかにも何人か立候補者はいたが、その店で一番売り上げを持っていたのが当時の俺だったこともあり、結果的に俺が代表に選ばれた。

その時、ある先輩が俺に向かって「お前は若すぎるから、絶対に代表は務まらない」と言ってきたのだ。

それを聞いて、（貧しい価値観の人間だなぁ）と、内心かなり軽蔑《けいべつ》したのを覚えている。

その際、彼に伝えたのが、前述の言葉だったというわけだ。


年齢って、そんなに大切？

若いからできないなんて、どうして言い切れる？

俺は、**どれだけ生きたかよりも、どう生きたかが人を決める**と思っている。

年齢なんて、関係ないのだ。

できる奴はできるし、できない奴はいつまで経ってもできない。


そこに、老いも若いも関係ないんだ。

俺は単純に、自分に実力があり、代表に相応《ふさわ》しい人間だと心から思ったから立候補したまでだ。

それ以上でも、以下でもない。

新しい人間関係を築くときに、あえて相手の年齢は聞かないことにしている。

そんな先入観や物差しは一切排除して、相手にどれだけの器量があるのか、どんな人間なのかということだけを見る。

従業員達にも、年齢でものを見るなと伝えている。

若いキャストは少し売れると、「若いのにこれだけできて、俺ってすごいなぁ」などと満足しがちだ。

逆に、「俺はまだ若いから、できなくてしょうがない」なんて、年齢に甘える奴もいる。

周りも、それに同調する。

「若いのにすごい」「若いからしょうがない」と。

そういう思考が、成長の妨《さまた》げになることに、みんな気づいていない。

年齢に甘えるなんて、ナンセンスだ。

俺はそんなこと、一度も思ったことはない。

もはや、自分の歳すらほとんど忘れていると言っても過言ではない。

一応、記号として自分の年齢は記《しる》されてはいるが、100年生きたか、200年生きたか、もうそんなことはどうでも良くなってきている。

確かなのは、自分がここまでどう歩んできたかということ。

これからも、年齢という無駄な概念《がいねん》に囚《とら》われず、常に自分を、そして人を見つめていくつもりだ。


人間、どれだけ生きたかではない。

どう生きたかだ。

THE APHORISM OF
ROLAND
6 "PHILOSOPHY"

「説明できる好きって、本当の好きじゃないから」

テレビの取材中に、「なぜその時計を選んだのですか?」とインタビュアーに聞かれて。

好きという言葉が世の中に溢《あふ》れているが、その中で本当の好きはどれぐらいあるのだろうか。

俺が思う本当の好きとは、説明できない好きである。

こんなところが好きで、ああいうところが好きで、なんて説明できる好きは本当の好きなんかじゃないんだ。

ホストという仕事が好き。
自分が好き。
家族が好き。
サッカーが好き。

説明しようと思っても説明できないけれど、なぜだか、心から惹《ひ》かれてしょうがないんだ。

寝ても覚めても、頭の片隅にはずーっと好きなことがある。

無償の愛を感じるのだ。

これこそが、本当の好きなのだと思う。

なにかを選ぶときには、いつも自分の**直感**を信じる。

時計もスーツも靴も、直感的に好きか嫌いか。

その直感は、自分では説明できないなにかだ。

とにかく、心がときめいた物を選ぶ。

その基準で物を選んで失敗したことは、一度もない。

最初から条件をつけて、

「色はこれで」

「ブランドはこれで」

「値段はこれぐらいで」

なんて決めるより、フラットに好きか嫌いかで見る。


付き合う条件に、「背が高い人がいい」とか、「金持ちがいい」とか、「イケメンがいい」

だとか、そんな条件付きの好きって、本当の好きなのかな?


よくあるテーブルトークで、「付き合うならどんな女性がいいか?」と聞かれる。

そんなとき俺は、

「相手に求めることは、ただひとつ。俺のことを、心から魅了《みりょう》してほしい」

そう答えている。

容姿も収入も家柄も、別になんだっていい。

とにかく俺を心から魅了してほしい。説明なんてできないぐらい、ハマらせてほしい。

それだけだ。

条件付きの好きは、本当の好きじゃない。

説明できない好きが、本当の好きなのだ。

THE APHORISM OF
ROLAND
7
"PHILOSOPHY"

「たくさん嘘《うそ》をついてきたけれど、自分に嘘をついたことはないね。一度も」

自分は正直者か？　と聞かれたときの答え。

恥ずかしながら、今までさんざん人に嘘をついてきた。自分を守る嘘もあれば、人のためについた嘘も。数えたらキリがない。

だけれども、断言できることがある。**自分に嘘をついたことは、一度もない。**

ある商品に一目惚《ひとめぼ》れしたとする。

だが、値札を見るとびっくりするほど高い。

そんなとき、たいていの人は自分を騙《だま》そうとする。

「どうせ買っても使うことはないだろう」

「よく見たら、そんなにたいした物じゃないではないか」

「維持費は?」

そんなどうでもいい理屈を並べて自分を丸め込み、あれはいらない、俺は欲しいなんて思っていないと自分に嘘をつき、自分自身を騙す。

そんなことを経験したことはないだろうか?

自分の心に嘘をつくことほど、悲しいことはない。

理由を作って自分を騙すより、素直になって、**欲しいものはすべて手に入れに行く人生**

のほうが楽しいに決まっている。

これが欲しい。

この人と付き合いたい。

こんな生活がしたい。

そう思ったら、残念ながらそれが事実だ。

認めたくなくても、人の直感とはとても素直に訴えかけてくるものだ。

俺は素直に、そんな直感に従う。

あれやこれやと理由をつけて、自分を騙したりなんかしない。自分がそうなりたいと思ったら、素直にそれを目指してみる。だって、自分に嘘をつきたくないから。

ある年の12月30日。テレビでたまたまニューヨークのタイムズスクエアのニューイヤー・カウントダウンを見たときに、素直にここに行きたい！　と思った。

見ず知らずの異国で、ニューヨークの冬がどれだけ寒いかも知らなかったが、とりあえず次の日には飛行機とホテルを予約し、トレンチコート一枚でカウントダウンイベントをニューヨークで過ごした。

またある日、自転車で通勤しているときに、その横を真っ黒なロールスロイスが走った。直感的に、この車にいつか乗りたいと思った。その数年後に、俺はロールスロイスを買った。

世界最高のサッカー選手と肩を並べてプレーしたい！　と願った少年時代からの夢。自分の夢に素直に向き合っていたら、大人になって形は違ったけれども、チャリティイベントでアレッサンドロ・デル・ピエロやルイス・フィーゴ達とプレーすることができた。

歌舞伎町の帝王になりたいという夢も、独立してホストクラブを持ちたいという夢も、スターになってみたい！　という漠然とした夢でさえも、全部ぜんぶ、**自分の気持ちに正直になったからこそ叶った**のだと思う。

変に理由をつけて丸め込んでいたら、絶対に叶わなかったと断言する。

人に嘘をつくのは、かまわない。

でも、どうか**自分にだけは素直でいてほしい。**

ローランドの名言

美

THE
APHORISM OF
ROLAND
"BEAUTY"

プライドを持ち、エレガントに、美しく……。『人生を懸けて常にカッコよくいたい』と強く思えるのも、俺の才能。

幼少期から、俺にとっての「カッコいい」は多少独特だった。

誰もが小さい頃に憧れる不良達といった少し悪い男には一切興味がなく、**エレガントな男になりたい**と願っていた。

小学校低学年の頃、周りのみんなが戦隊モノに夢中になっているとき、俺は『ゴッドファーザー』の映画に心を奪《うば》われていた。

主人公はイタリア系アメリカ人マフィア、ドン・ヴィトー・コルレオーネ。家族を愛し、部下からの信頼も厚い。なによりも洗練された物腰と着こなしに、釘づけになった。

映画に出てくる男達は、スーツ姿。

「洗練された、エレガントな男はカッコいい」

8歳か9歳の俺の胸に、それは深く刻み込まれた。

それから数年後、進学した中学校はブレザーの制服だった。

俺はしっかりとネクタイを締め、革靴を履《は》き、制服をキチンと着こなしていた。それが一番優雅で美しいと思ったから。

当時はジャニーズのドラマの影響か、ネクタイを緩く締め、スニーカーを履き、ズボンを腰で穿《は》いたりしている同級生が多かった。でも、俺には実に幼く見えた。

エレガントであること。

洗練されていること。

俺が常に心がけていることだ。

それから仕事のスタイルにも、独自の美学がある。

カッコ悪く勝つぐらいなら、美しく負けるほうを選ぶ、という考えだ。

学生時代サッカーをしているとき憧れたのは、美しくスペクタクルに勝つバルセロナのサッカーだった。

バルセロナは、1点取られたら3点取り返す。3点取られようものなら5点取り返せばいいじゃないかという考えのもと、無様に守備を固めたり、リスクを回避したりする消極的な試合はしない。そんな姿に心を奪われた。

手段を選ばず、何がなんでも勝ちにこだわる。そういう姿勢も大切だろう。

でも俺にとって、勝つことと同じぐらい、**勝ち方も大切**なのだ。

汚いやり方をしたり、売掛をしてみたり、無様な営業をして、そんな方法でナンバーワンになったとしても、俺は大切なものを失ってしまうはずだ。

人間と動物の違いは、プライドがあるかないかだと思っている。

だから、俺はそんな美学のもと、**完璧なまでの勝利**にこだわってきた。

そんなプライドが邪魔をして、ナンバーワンを取り逃がしたことも何度かあったが、あの時、手段を選ばずに勝ちを取りに行っていたら、今のローランドはいないだろう。

美意識や、カッコよくいたいという気持ちは、きっと生まれつきの才能のようなものだ。

スモークのかかった車を横切るときは、必ずそこに映る自分を確認してしまうし、鏡を見ることが大好きだし、どうしたらカッコよくいられるのか、無意識にずーーーっと考えている。

美意識というものは、持とうと思って持つものではないのだと思う。

綺麗になりたい、カッコよくいたい！　と心底思えるのは、ある種の才能なのだ。

だから、そこに対しての努力を、あまり努力と思えないのだ。

カッコいい男でいることがなによりの喜びだし、人生を懸けた一生のテーマだから。そのために生きていると言っても、過言ではないぐらい。

見た目が変わると、社交的になれたり、自分に自信が持てたり、毎日が楽しくなったりする。見た目と中身は、まったくの別物のように見えるけれど、実は中身を変える一番の方法が、見た目を変えることだったりする。

カッコよくなると気持ちが変わる。
そして、気持ちが変わると人生が変わる。

そんな人生を懸けたテーマである「美意識」について語っていく。

THE APHORISM OF
ROLAND
1 "BEAUTY"

「デブは甘え。普通に生きていたら太らない」

「ローランドさんのスタイル維持の秘訣は?」と聞かれて。

日々、体形の維持には細心の注意を払って生きている。もともとアスリートだったこともあり、だらしない身体になっていく自分は許せないのだ。どれだけ過密なスケジュールであろうと、ジムでトレーニングする時間はどうにかして捻出する。

筋肉量を増やすために食事の内容をアップデートして、意図的に体重を増やすタイミングはあっても、なんとなく太るということは絶対にない。

栄養士に相談し、しっかりとカロリー計算をするし、タバコは一切吸わないし、お酒もほとんど飲まない。

トレーナーとは、常にコンディションについて、綿密にミーティングする。

旅行先だろうと、朝起きると街並みを眺めるついでにランニングをする。

もうそれが、自分のルーティーンとなっているのだ。

この本を書いていて、気づいたことがある。自己愛が強いことはもともと知っていたが、**好きな自分でいたい、理想とする自分でいたい、自分のことを嫌いになりたくないという気持ちも、自己愛と同じぐらい強い**のだと。

だから、自分が自分に課したルールや決まり、そしてプライドといったものに、異常なほどこだわるのだろう。

それはまるで、恋人に好かれたい一心で相手の好きな髪型にしたり、手料理を覚える女性のように。


ちなみに、これは前々から言い続けている俺の理論なのだが、**スタイルがいい人は仕事ができる。**

なぜなら、自分に厳しく、ストイックで、健康に気をつかっているから。

そして一番の理由は、しっかりとトレーニングする時間を捻出するように**スケジュールを管理できている**ということだから。

そして、**時間の使い方がうまい人は出世する。**


自分のことを、ずっとずっと好きでいたい。

堕落《だらく》し、無秩序な生活を送り、だらしなく贅肉《ぜいにく》が付いた身体を見たとき、俺はきっと自分のことを嫌いになってしまうだろう。

いやその前に、堕落した生活を送ることを良しとしてしまった自分のことを嫌いになるのが先か。

お客様に楽しんで帰ってほしい。
完璧なコンディションで仕事がしたい。
そういう気持ちが、自分を頑張らせているのも事実だ。

だが、一番のモチベーションは、

「ローランドに嫌われたくない！」
「いつまでも大好きな自分でいたい！」

そんな気持ちなのかもしれない。

THE APHORISM OF
ROLAND
2 "BEAUTY"

「このブロンドヘアは、俺の魂みたいなものなんです！切るぐらいなら、死んだほうがマシ」

殺害予告をされたローランド氏を心配し、金髪を切るようにと言ってきたオーナーに向かって。

少し物騒な話だが、数年前の歌舞伎町は治安が悪かった。今でこそ、そんなトラブルとは無縁だが。

若かりし頃、「俺の女を取っただろう」と因縁を付けられ、なんと店に殺害予告の電話までかかってきたのだ。

「街で見かけたら、殺してやる！」そう電話で言ってきた。さすがに店のスタッフも心配し警察に相談したのだが、話が通じる相手ではなかった。

「犯人が捕まるまで、自宅で休むか？」とスタッフから聞かれたが、こんなことで休んではローランドの名が廃《すた》る。

俺は出勤することにした。

するとオーナーが、

「お前のブロンドのロングヘアーはあまりにも目立ちすぎる。出勤するならば、せめて髪の毛を切るか黒く染めて来てくれ」

そう言ってきた。

きっと、俺のことを心配してのことなのだろう。

だが、**ブロンドのロングヘアーは俺にとって魂のようなもの。ローランドの象徴であり、ローランドの代名詞なのだ。**

このブロンドのロングヘアーを維持するために、どれだけの努力をしてきたことかわからない。

少しでもダメージを感じれば、すぐにケアをしに美容室に行く。

自宅で使う2週間分のトリートメントは、3日でなくなるほど贅沢《ぜいたく》に使う。

挙句《あげく》の果てに、「自分が納得するヘアオイルがないなら、自分で作ってしまえばいいじゃないか！」と、美容会社を設立。大手化粧品会社に直談判《じかだんぱん》して研究開発。オリジナルのヘアオイルまで作ってしまった。

一応、市販する予定だが、営利目的というより単純に自分が欲しい物を作っただけ、という感覚に近い。

そんな血の滲《にじ》むような努力をして守ってきた俺のブロンドヘアを、無残にも切ったり黒くするならば死んだほうがマシだ、と思っている。

だから**俺は、命の危険を承知のうえで、このブロンドヘアのまま出勤すると決めた。**

なにがあっても、このブロンドヘアだけは譲らないと。

結果的に、相手は逮捕され、事件は無事に解決したのだが、そんな意地もあってか、今では、「ローランドの金髪に触れると金運が上がる！」という都市伝説が流れたり（！）、2018年のハロウィンでは、ローランドのコスプレをしたい人達が大勢、金髪のウイッグを買い求めた結果、都内では金髪のウィッグが品薄になったりしたらしい。

命に代えてまでも守ってきた、このブロンドヘア。

俺にとっては、金では買えない宝物だ。

THE APHORISM OF
ROLAND
3 "BEAUTY"

「タキシードをカッコよく着られない男なんて、男じゃやねぇ」

常にタキシードを着ている理由を聞かれて。

出勤するときは、スーツスタイルと決めている。男はタキシード姿が一番セクシーでカッコいいと思っているし、自分のバイブルでもある『夜王《※やおう》』という漫画に登場する上条聖也《かみじょうせいや》という男も常にタキシードで出勤している。この聖也という男は俺が尊敬する唯一のホストだ。

また冒頭でも書いたが、『ゴッドファーザー』に登場するドン・ヴィトー・コルレオーネも、そしてジェームズ・ボンドも、憧れのイイ男達は皆こぞって、カッコよくタキシードを着ていた。

タキシードには格別のこだわりがある。

自分が愛用しているのは、イギリスのサヴィルロウで一番高級と言われている名店ハンツマンのビスポークのもので、スキャバルのベロア生地で作ってもらった。

毎日着てもシワにならないし、上品でシックなデザインを心から溺愛《できあい》している。

有名ブランドの既製服を否定するわけではないが、やはり男の戦闘服と言えるタキシードはサヴィルロウの高級テーラーで作るべき、そう思っている。

なにやら聞き馴染《なじ》みのないブランドや言葉ばかりを並べてしまい、まったくなにを言っているのかわからなかったとしたら謝りたい（笑）。

それぐらい、タキシードにこだわりがあるのだと思っていただけたらそれでいい。

なにが言いたいかと言うと、

男たるものタキシードだろ!!

そういうことだ。

タキシードは一着あれば世界中のどのレストランにも入ることができるし、どこに行っても恥をかくことがない最強の一着だ。

またタキシードをカッコよく着ようと思えば、それ相応のスタイル維持が必須だし、良いタキシードを着ると、自然と所作も美しくなる。

汚しても気にならないような安いジャージやスウェットとは違い、高級なものであるという潜在意識が働くから動きが慎重になるし、オーダーで身体にフィットするように作ったとしても、ある程度、身体の動きに制約が出てくる。ジャージのように機能的かと言えば、そうではない。

その身体にかかる制約が、男の動きを上品にするのだ。
最高のタキシードを着て、好きな車を運転する。
最高のタキシードを着て、最高のウィスキーを飲む。
最高のタキシードを着て、いい女と素敵なレストランに行く。
改めて、男に生まれて良かったと痛感する瞬間である。

タキシードは男のロマンだ。
やっぱり、**タキシードをカッコよく着られない男は、男じゃねえ。**

※『夜王』は、倉科遼《くらしなりょう》（原作）、井上紀良《いのうえのりよし》（作画）による漫画作品。新宿・歌舞伎町を舞台に様々な対決をしていくホストの物語。集英社『週刊ヤングジャンプ』２００３年9号から２０１０年16号まで全３１３話連載された。単行本は全29巻。

THE APHORISM OF
ROLAND
4 "BEAUTY"

「俺はローランドだからね。
コンビニには手を染めないよ」

コンビニには行くか？　と聞かれた際のローランド氏の答え。

意外とよく聞かれるのが、「コンビニには行くか？」という質問だ。

きっと生活感の象徴が、コンビニなのだろう。

だから、直訳すると「ローランドさん！　貴方《あなた》は生活感がある人間ですか？」という意味だと思って聞いている。


答えは、「ノー」だ。

自分の言葉や立ち居振る舞いから極力、「生活感というものを削《そ》ぎ落とす」ということを意図的にやっている。


ホストとは、夢を魅《み》せる仕事だ。

そんな立場の人間に生活感があったら、夢なんて魅せられるわけがない。

その感覚は、ディズニーランドと同じである。

なにを隠そう俺は、熱狂的なディズニーファンなのだが、ディズニーランドは夢を魅せるということに関して本当に徹底されている。

生活感というものが一切ない。ゴミひとつ落ちていないのだ。

スタッフに時間を聞いても、「夢の国に時間はない」ということで、教えてくれないという都市伝説すらあるぐらいだ。

でもそれが、エンターテイナーとしてのあるべき姿なのではないか。

所帯染みたところを見せて、親近感を抱かせるという営業方法を取るホストもいるが、そんなのまったく美しくない！　エンターテイメントのカケラもないじゃないか！

ホストの風上にも置けないね。

俺は、**意図的に生活感を排除**している。具体的にどんなことをしているのか、ひとつ例を挙げるとすれば、食べているシーンをメディアで極力発信しないこと。

食べるとは生活感、人間っぽさの象徴だと思っている。

食事をしている姿を見せるということは、無防備で、気を許したということであって、非日常とは真逆の行為なのだ。

試しに、アニメや映画の生活感が感じられないキャラクターのことを思いだしてほしい。物を食べている描写が、極端に少ないはずだ。

『ハリー・ポッター』のヴォルデモートが作品中でラーメンをすすっていたら、あの物語はコメディ映画になっていただろう。

だから密着取材では、物を食べているシーンを意識的にカットした。

1年以上密着している『HOST-TV』という媒体で、唯一食べているシーンを映したときは、海外という非日常の空間だった。

地上波の密着でもそうだ。

どうしても食べているシーンを撮りたいと言われたら、極端に高級感のある店か海外のみ、というルールを徹底してもらっている。

夢を魅せる。

言葉で言うのは簡単だが、実はその裏に、そんな創意工夫や努力が隠されているのだ。

夢はなにも、寝ながら見るだけのものではない。

本当のプロフェッショナルは、起きながらにして夢を魅せる。

THE APHORISM OF
ROLAND
5 "BEAUTY"

「この部屋が汚いの？ それとも俺が綺麗すぎるから汚く見えるだけ？」

ローランド氏が、従業員の寮の部屋を抜き打ちでチェックしたときに言った一言。「どっちでもいいけど、綺麗にして！ すぐに！」と続く。

自分の見た目に関してはもちろんだが、**身の回りの整理整頓**にも、異常なほどこだわりがある。

散らかった部屋で生活しようものなら、3日ともたないだろう。4日目には、ストレスで死んでいるはず。

それほどまでに、**綺麗好き**なのだ。


ボトルを並べるなら等間隔で向きまで揃《そろ》っていなければ気が済まないし、ハンガーの向きは全部同じでないと気持ち悪い。

生活感の象徴であるリモコンやティッシュなどは、見えないところに片づける。

バッグの中身がぐちゃぐちゃだと頭の中までごちゃごちゃしてくるし、コンセントの配線が見えただけで吐き気がする。左右非対称な物がたまらなく嫌い。

自分でも、ちょっと病気なのではないか？　と思うほどに**几帳面**《きちょうめん》だ。

それから、曲線的な物が苦手。

直線的でスクエアな物が好きなのだ。それに気づいたのは最近のことだが、自然とスクエアの角がカクカクした物ばかり、身の回りにたくさんあった。本能的に、そういった直線的な物が好きなのだろう。

そんな綺麗好きな性格と付き合っていくのはとても大変なのだが、実は、少しいいこともある。

人が普通では気づけないようなところまで気づいて、綺麗にできる。これは、接客業をしていて、とても大切な感覚だ。

テーブルの上を綺麗にしたり、店内を綺麗にすることは、接客業をするうえで絶対に欠かせない要素だから。

俺は、店で誰よりも綺麗なテーブルで接客できる自信がある。店内美化は、どこの誰にも負けないぐらい気が利く。ミリ単位のテーブルのズレにも気がつける。

お客様はそこまで意識せず飲んでいるのだろうが、そうした気遣いは、ハッキリとはわからなくとも、「あれ？　この空間ってなんとなく居心地がいいなぁ」といった具合で、相手にちゃんと伝わるのだ。

この本も、デザインを考える際に相当悩んだ。

直線的でシンプルで、清潔感のあるデザインにするにはどうしたらいいかと。

書いていて、自分でも**ぞっとするほど綺麗好きで、完璧主義**だと改めて痛感した。


もう少し妥協できたら、どんなに楽だろう。

汚い部屋でも、なにもストレスを感じずにいられる人が羨《うらや》ましい。

そう思うことも多い。

几帳面すぎる自分に、疲れることもある。


でも、そんなところも含めてローランド！

だから、このこだわりとは一生付き合っていくつもりだ。


がんばろーらん！

THE APHORISM OF
ROLAND
6 "BEAUTY"

「ジャージばかり着ていたら、
ジャージが似合う人間になっていく」

少し外出するときも、しっかりとした格好をすることについて聞かれ。

身なりは、人を作ると思っている。

だから常に、しっかりとした格好でいることを意識している。

数年前の正月、俺は実家で家族と過ごしていた。

その間、家族との時間を楽しんだのだが、なにせ正月だ。

今考えると身の毛もよだつが、5日間ほど髪をしっかりとセットすることも、ジャケットを着ることもなく、ただのんびりとジャージを着て、寝癖のまま、家で過ごしたのだ。

そして、休み明けの出勤日。

いつものようにタキシードに袖《そで》を通し、鏡の前に立つと、どうもおかしい。まるでピントが合っていないカメラで撮影したように、どこかボヤけている。顔もどことなく覇気《はき》がなく、スーツを着ているというより、スーツに着られている。

そう、俺は休みにだらけてジャージで過ごしている間に、いつの間にかジャージが似合う男になってしまっていたのだ。

その時、確信した。

だらしない生活をすると、そういう生活や格好が似合う人間へと、知らないうちに変わっていってしまうと。

根元は黒くトリートメントをしていないパサパサの茶髪、所どころ剝《は》げているネイル、上下スウェットに足元はキティちゃんのサンダル。そして、毎日ノーメイク。

そんな人が多くいるが、そういった格好で生活をしていると、人前に出ることや人にどう見られるかも、だんだんどうでもよくなってくる。

いずれは、人生自体がどうでもよくなってきてしまうかもしれない。

最低限、髪の毛に櫛《くし》を入れる。

高くなくてもいい。部屋着から清潔感のある洋服に着替えて、日中を過ごしてみる。

メイクアップをする。

それだけでも、ずいぶん変わってくるだろう。

「ローランドさんって、なんで誰も見ていないときにも格好つけるんですか？」

とよく聞かれる。

でも逆に聞きたい。

人が見てないところで格好つけられない奴が、どうして人が見ているときに格好つけられるんですか？ と。

人が見ていないときこそ、格好つけるのだ。

役作りと一緒で、カメラが回ったときだけその役になりきろうと思っても、限度がある。

普段の生活からその役になりきって、初めていい演技ができるものだ。

カテゴリは違えども、ホストも源氏名で演じる役者。

そう考えると、普段から役作りとして、**常にカッコいい自分でいることは当然である。**

また、だらしない格好でいるときに限って、知り合いに会ってしまう……なんて経験、みんなもきっとあるだろう。

マーフィーの法則！

こんなときに限って……、大好きなあの人に鉢合わせてしまうものだ。

一度きりの人生。

大好きなあの人に、いつも最高の状態で会いたくない？

THE APHORISM OF
ROLAND
7 "BEAUTY"

「世界で一番美しい花は薔薇《ばら》。
でも、世界で一番好きな花は桜なんだ」

好きな花について聞かれて。

人の美意識が一番表れる瞬間は、なにかをやめるときではないか。

身を引くとき、ボロボロになるまでしがみつくことに美学を感じる人もいれば、カッコよく去ることに美しさを見出《みいだ》す人もいる。

だとすれば、俺は完全に後者だ。


花が好きだ。

花の持つなんとも言えない美しさは、見ていて幸せを感じさせてくれる。

そんな花の中で、最も美しいと思う花が薔薇である。妖艶《ようえん》でアーティスティックでラグジュアリー。まさにローランドの生まれ変わりといった佇《たたず》まいだ。


では世界で一番好きな花は薔薇なのかと聞かれたら、そうではない。

薔薇には、唯一にして最大の欠点がある。

それは、美しいときに散れないこと。

枯れゆく自分の美貌にしがみつくのだ。

そこが、残念でならない。

薔薇が1週間で散る花だったら、完璧だっただろうに……。

そう考えると、世界で最も素敵な花は桜なのではないか。

あんなに美しい花を咲かせるのに、いとも簡単に散っていく。

そこに一切の未練などなく、自分が一番美しいタイミングで潔《いさぎよ》く散る。そこがまた、なんとも言えず痺《しび》れるのだ。

2018年。俺は、引退を表明した。

この業界に入って8年。業績は、年々右肩上がりだった。

2018年は各メディアで取り上げられ、名実ともに現代ホスト界の帝王であると称された。

まさにホストとして最高の立場を確立したのである。

そして確信した。

今こそが、まさに辞め時だ。

一番美しいこのときに、俺は潔く散るのだ、と。

今辞めるのはもったいない。なぜ今なのか？　まだまだ年齢的にも現役でいられるじゃないか。

そんな声を多数いただいたが、それでいいのだ。

散るときはカッコよく。


どうせ去るなら、最高に惜しまれながら去っていきたい。

誰も見向きもしなくなったときに辞めるだなんて、あんまりにも普通すぎる‼


俺はこれからも、薔薇のように咲き、桜のように散る人生を歩んでいくつもりだ。

ローランドの名言 愛

THE APHORISM OF ROLAND "LOVE"

周りの人達から愛をもらって生きてきた俺の使命。それは、ローランドという存在でみんなを幸せにすること。

愛について語る日がくるなんて、思っていなかった。

恥ずかしながら、恋愛なんて一度もしたことがない。

でも考えてみると、愛とはなにも恋愛だけではない。

家族に対しての愛、仕事に対しての愛、従業員に対しての愛など。

愛の対象は様々だ。

愛の持つ力が人に大きく影響を与えるのだと気づいたのは、歌舞伎町に来てからだ。

ホストクラブの従業員達と深く関わってみると、実は複雑な家庭で親の愛情を受けることなく育った、なんていう話をよく聞く。

どちらかというと、むしろヘビーな家庭環境だった従業員のほうが多い。

愛情が足りなかったからこそ、人より劣等感が強かったり、素直じゃなかったり。

俗に言う扱いにくい子や、こじらせている子も多い。

愛情が足りないと人はこうなってしまうのか、と驚かされた。

抱えているものはそれぞれだけれど、でもみんな、根はいい奴なんだ。

自分では気がついていないけれど、伸びしろがものすごく大きい。

俺はおまえのこと認めているよ、おまえは自分が思っているよりずっといい男だ、もっと自信持っていこう、と愛情をもって伝えてあげると、びっくりするぐらい素敵ないい男になってくれることも。


先日、小児がんの子ども達のためのチャリティに参加させてもらった。

一連の活動を通じて、人のために役に立ちたいという気持ちを強く持つようになった。

同時期に、子ども達に名言を教えてあげるという企画があり、保育園にロケに行った。

そこで俺は、自分の中に意外な感情があることに気づいた。

いきなりやってきたブロンドロングの俺は、保育園児達から見たらゆるキャラのようなものだったのだろう。

ワーッと取り囲まれて、遊んであげるはずが完全に遊ばれていた。

だが撮影された映像を見ると、どんなにベタベタな手で触られても、髪の毛をぐちゃぐちゃにされても、たまらなく子どもが可愛いと思う、終始笑顔の自分がいた。

俺って、子ども好きだったんだなと、自分でも気づいていなかった感情にびっくりした。

そして、世界中の子ども達に、こんなふうに無邪気に笑っていてほしいと強く思った。

愛情を受けられずに育って、ずっと寂《さび》しい思いを抱えていたという従業員達を見てきた俺は、幼少期の経験が人間形成に大きな影響を与えると実感している。

どうやったら、そういう寂しい思いをする子ども達を少しでも減らせるのだろう。

最近、気がつくとそんなことを考えていたりする。

幸いなことに、俺は家族や友人達からたくさんの愛情を受けて育ったし、今もとても幸せだ。

その幸せを、みんなに分けてあげたい。

ローランドという存在に生まれた以上、世界のひとつやふたつぐらい幸せにして、死んでいきたい。

なんだか小恥ずかしいことを語ってしまい恐縮だ。

そしてなにより、俺が一番強いのは自分への愛だ。

自分のことがこんなにも好きだと胸を張って言えるのも、家族や周りの人達が自分を愛してくれたから。

自分の周りにいてくれる大切な人達に感謝しつつ、俺が受けた愛をみんなに分けてあげたい。

この章ではそんな俺の愛に関する考え方や、あまり話したことのない恋愛観などについて書いていけたらと思う。

THE APHORISM OF
ROLAND
1 "LOVE"

「君がいたいのは『誰かの隣』であって、
『俺の隣』ではない。
俺は『誰か』じゃない『ローランド』なんだ。
馬鹿にしないでくれ」

とあるタレントが、ローランド氏に交際を求めた際に言われたという一言。

俺が成し遂げなければ、きっと別の誰かが成し遂げたであろう。そんなことには興味がない。

俺は、俺じゃなければできなかったと言われることを成し遂げたい。

俺以外には絶対にできなかったと、そう言われたい。

それは、恋愛においてもそうだ。


ローランド以外はありえない。

ローランドの代わりなんてどこを探してもいない。

そう思われる男でありたい。


恋愛相談に乗ることが多々ある。

（個人的にはあまり共感できないのだが）基本的に人は寂しがりな生き物だと思う。

「誰か」にそばにいてほしいと願うものだ。

そして、その「誰か」を「好き」と錯覚しようと必死になっている。

恋愛相談に乗る中で、そう思うことが多い。

俺は、そんな「誰か」の枠に当てはめられるのは絶対にごめんだ。

そんなことは、俺のプライドが許さない。


……とまあ、偉そうなことを書いた俺だが、実はまだ特定の一人というか、いわゆる彼女という存在ができたことがない。

それは大切なファン達を抱えているからというのももちろんなのだが、一番の理由は、「君の代わりは絶対にいない！」と言えるような**運命的な出会い**をまだしていないからだろう。


結局いつも「誰か」止まりなのだ。

「恋愛とは妥協である」

「ロマンチックな恋愛を夢みるなんて馬鹿げている」

と、周りからは言われる。その意見もわかる。

だけど、**妥協して恋愛するなんて俺は絶対に嫌なんだ。**

これ以上ないというような、ロイヤルストレートフラッシュのような女性と出会いたい。

世の中には二種類の女しかいない。
君か、君以外か。

本気でそう思える女性に出会ってみたい。
そしてそんな女性にいつか言われたいものだ。

世の中には二種類の男しかいない。
ローランドか、それ以外か。

とね。

THE APHORISM OF
ROLAND
2 "LOVE"

「俺も好きだよ！」

とある女性から、「貴方のことが好き」と言われたときに。

もともと、**自己愛が強いという自覚**はあったのだが、それを決定付ける出来事があった。

よく女性に、

「貴方のことが好き」

と言われるのだが、そのたびに、

「俺も好きだよ！」

と答えていた。

「俺も（ローランドのことが）好きだよ」という意味でね（笑）。

共通の趣味というか、

「私は旅行が好き！」

「え？　俺も好き！」

みたいなノリで。


ある時、ちょっとした口論をした。

「貴方も私のこと好きって言ってくれてたじゃない！」

「え？　そんなこと言った覚えはないけど……」

そんなやり取りをしていくうちに、わかった。
お客様は俺が口にした「俺も大好き」を「俺も（君のことが）大好き」という意味でとらえたのだ。
自分の答えがいかに誤解を招くものであったか、そして自己愛がどれだけ強いかということを痛感させられた。
いろいろな人にこの話をすると、みんな決まって、おかしいのは俺だと言う。

どれだけ自分のことが好きなんだ?!　と驚かれる。

もちろん、お客様のことは大切にしている
好きだという気持ちは嘘ではない。
お客様を幸せにするために、１００パーセント努力している。
ちなみに「免責事項」として、「俺のことを本気で好きになっちゃダメだよ」とお客様にハッキリと伝えている。そういった関係性を望まれると、100パーセント幸せにすることを約束できないからだ。

とはいえ、俺にとって大事な存在であることに変わりはないことはわかってほしい。

今まで誤解をさせてしまった女性達には、この場を借りて謝りたいと思う。

でも、そこからはしっかりと学習した。

嘘はつきたくないから、「貴方が好きだ」と言われたら、「ありがとう」と返すようにしている。

そんな学習力のある自分も、本当に好きだ！（笑）

そういえば、来週も映画を観に行く約束をしたよ。

大好きな自分とね！

一人旅が好きなのも、一人ドライブが好きなのも、大好きな自分とずっと一緒にいられるから。

I LOVE 自分！

THE APHORISM OF
ROLAND
3 "LOVE"

「俺以上にお前のこと
幸せにできる男いる?
彼氏なんて作らなくていいから」

彼氏ができたという妹に向かって。

大好きな大好きな妹に、彼氏ができたと聞いた。

まさかとは思っていたが信じたくなかった。

15歳から親元を離れて育った俺は、妹がずっと子どものような感覚なのだ。

その妹に、まさか彼氏ができたなんて！


そんな妹に電話をする。

「俺以上にお前を幸せにできる男なんて、世界中探しても絶対にいないのだから、彼氏なんて作らなくていい、俺が責任持って幸せにする」

そう告げた。

我ながらカッコいい最高の兄である。

そんなふうに思ったのもつかの間、

「お兄ちゃん、いっこ言っていい？　そーゆーの、フツーにウザいんですけど」

心が砕ける音がした。

普段生きていて、女性からウザいと言われることなどまずない。そういった類《たぐい》の免疫がまったくないのだ。あの可愛かった妹はどこにいったのか……。

こんなこともあった。

妹が就職で悩んでいたときに、30分ほどかけて長文のラインを送った。

多忙なスケジュールの中、社会人の一先輩として、いろいろなアドバイスを組み込み、なんなら働かなくても養ってあげるとすら伝えた。

そんな30分かけて打った**ローランドの渾身《こんしん》のライン**。

送って3秒後に既読が付いた。

そして5秒後に、「オッケー」と書かれた可愛いウサギのラインスタンプがひとつだけ。

俺の想いが詰まったラインを、**妹はラインスタンプひとつで返してきたんだ。**

女性からこのような扱いを受けることには、やはり免疫がない。

俺は、膝から崩れ落ちそうになった。

昔は可愛かったんだけどなぁ。


ホストという仕事柄、女性の扱いには長《た》けているつもりだったのだが、甘かったようだ。

妹の心の摑《つか》み方は、いまだにわからずにいる。

もう、口うるさいことは言わない。

だから妹よ、もし！　この本を手に取って読んでくれているのだとしたら、今度から普通にご飯ぐらいには行ってください。

それと、たまには自分から電話をしてきてください。

世界最高の兄、ローランドより。

後日談

つい先日、妹から久々に電話をもらった。

思わず頬が緩んだことは、内緒にしておく。

THE APHORISM OF
ROLAND
4 "LOVE"

「これ全員、俺が雇ったエキストラ。
君と長く一緒にいたいからさ！」

デートからの帰り道。大渋滞している車内で、ローランド氏が言ったとされる一言。

渋滞にハマってしまったときのリアクションって、意外と女の子は見ている気がする。車の運転をしているときに人の本性が見える、なんて言葉があるくらいだからね。

ほとんど毎日運転をして通勤している俺。

渋滞に直面してしまうことも多々ある。時には、女性とデート中に渋滞に直面してしまうことも。

そんなとき、皆様ならどうするだろう。

イライラしてクラクションを鳴らしたり、怖い顔をしてブツブツと文句を言う？

そんな男はまだまだ二流。

ローランドへの道のりは、渋滞しているその道よりも遠いことだろう。

渋滞というのは、もうしょうがないものだ。

どれだけイライラしようが、到着時間はさほど変わらない。それに、密室でイライラした人間といることほど苦痛なことはない。

そんなときは、気の利いた一言で、ひと笑いでも提供してあげるのが男の器量ってもんだ。

とあるデート中、帰り道がひどく渋滞していた。

朝早くから出かけていたこともあり、お互い少し疲れていたその帰り道。助手席のお客様が、俺がイライラしていないか心配そうに見つめてくるのを感じた。

きっと歴代の彼氏やらが渋滞のたびにイライラして、不機嫌にでもなっていたのだろう。

だが俺は、なにを隠そう天下のローランドである。そんな心配は無用だ。


「こいつら全員、俺が雇ったエキストラなんだ！君ともっと長くいたいからね」


と、伝えてみた。

女の子は大爆笑した。

2時間を超す大渋滞だ。エキストラはのべ3000人はくだらないだろう。その壮大なスケール感がシュールで最高に笑える。

女の子の笑顔を見ると、俺まで嬉しくなる。


なんてったって、女が喜ぶと書いて「嬉しい」だからね！

渋滞だって悪くない。ゆっくりと話す時間だと思えばいい。渋滞という特殊な状況だからこそ、今までの生い立ちだったり人生観だったりを、とことん話せるかもしれない。

イライラしていたら、そんな機会も逃してしまう。


男たるもの、常に心に余裕を持っていたいもの。

女性に気を遣わせるなんて、野暮なことはしない。

女性をスマートにエスコートしてこそ、大人の男だ。


どんな状況でも相手を笑顔にすること、忘れないで！

THE APHORISM OF

ROLAND

5 "LOVE"

「金で買えないものの価値は、
金で買えるたいていの物を手にして
初めてわかる」

お金より大切なものがある、と言う人達に向けての一言。

お金より大切なものは、たくさんあると思っている。人生、お金がすべてではない。

それに気づけたのは、皮肉にもお金を手にしてからだ。

よく聞く「お金より大事なものはたくさんある」というセリフ。そのセリフを口にする人の大半は、お金を持てないことへの開き直りだったりするのではないか。

努力不足の自分を正当化するために、そう自分に言い聞かせているのだ。

大金を手にしたことがないのに、金のある生活の中身なんてわかるはずがないんだ。

見ていない映画のレビューを書こうと思っても、書けないのと同じ。

それを、実際にお金を持つことで気づけたのだ。

では、お金を持つとどう世界観が変わるのか。

幼稚な表現だが、美味しい物を食べられる、見たい景色を見ることができる、住む環境が良くなる、乗りたい車に乗れる、人にしてあげられることが増える、場合によっては健康ですら買えることもある。

それから、子どもの頃欲しかったおもちゃが、大人になってからはさほど欲しいと思わなくなるのと同じで、いつでも買えると思うと、人はたいして物を欲しいと思わなくなるということにも気づけた。

今現時点で突然、「なにか欲しい！」と思うことが、まったくない。

いわゆる物欲がない、という状態だ。

そんな境遇になって初めて気づくのが、月並みな言葉だが、「人の気持ちは、金で買えないんだなぁ」ということ。


数々の金持ちが、人の心を金で買おうと必死になっているのを見てきた。すべてを金で買えると、金に洗脳されてしまったのだろう。

でもそれで心からの愛が買えた人を、俺は一人も知らない。

どれだけお金があっても、人の気持ちだけは絶対に買えない。心からの優しさや愛は、金では買えないものだ。

お金に気持ちが込められて、それで人に気持ちが伝わることはある。

でも、商品棚に並んだ商品のように、無造作に選んで金さえ払えば買えるというほど、人の気持ちは単純ではないのだ。

だからこそ、**人の気持ちには価値がある。**


俺を慕って、故郷を捨てて上京してきてくれたスタッフ。

「ローランドさんが独立するとなれば、地獄までもついていきます」と言ってくれる従業員達。

「なにがあってもお前の味方だ」と言ってくれる学生時代からの親友。

そして、家族。

どれも、どれだけお金を積もうが買えない愛というものだ。


金とは、決してなにかを買うためだけにあるのではない。

金で買えないものの本当の素晴らしさに気づくために、金というものが存在しているのだ。今はそう思っている。

THE APHORISM OF
ROLAND
6 "LOVE"

「仕事道具に愛情を持てない奴は、
仕事に愛情がない奴。
そういう奴は嫌いだ」

靴を毎日磨く理由を問われて。

毎日の仕事終わり。好きな音楽を聴きながら靴を磨く。

最近のお気に入りはビリー・ジョエルだ。靴を磨いていると、自然と無心になれる。どこか瞑想の時間と似ているのかもしれない。

一日中考えることがたくさんあって頭がフル回転しているから、この作業をしていると自然と気持ちが落ち着く。

頭が空っぽになるのだ。

自分にとってのルーティーンとも言える大切な時間だ。


もともと、道具を大切にするようになったのは父の影響だ。ミュージシャンである父は、大切なライブの前は必ず自分でギターのメンテナンスをしていた。

幼いながらにそれが疑問で、

「なぜほかの人に任せないの？」

と聞いたことがある。

その時、父が言った一言が忘れられない。

自分の仕事にはすべて、自分が責任を持ちたい。

誰かに任せてミスをしたときに、俺はきっとそのミスを人のせいにしてしまうだろう。

でもそれは間違ったことなんだ、そう教わったのだ。


俺はこのホストという仕事に、とてつもない愛情を感じている。

仮に店は違えど、素晴らしいホストを見ることは、俺にとってとても幸せな瞬間だ。

純粋に一職人として幸せを感じるとでも言おうか。

だからこそ、素晴らしいホストと一緒に働けるとなれば、それはそれはもう最高の幸せなのだ。

逆に、この仕事を愛していない人間に会うと、とても悲しくなると同時に憤《いきどお》りを感じる。

どれだけ売れていようが、今すぐにスーツを脱いで違う仕事に就いてほしい、と思ってしまう。


話は逸れたが、**仕事道具への愛情**＝《イコール》**仕事への愛情**だと思う。

仕事を愛していれば、必然的に道具への愛着が湧《わ》くものだ。

ホストの一番の仕事道具である携帯の画面が少しでも割れたら、すぐに修理に行く。

スーツは常にクリーニングに出しておく。

そして、靴は常にピカピカに磨き上げる。

タバコを吸わないが、ライターはデュポンをずっと大切に使っているし、ボールペンはモンブランのものだ。

１００円ライターで火を付けたり、１００円のボールペンを使うようなホストは、仕事を馬鹿にしているとしか思えない。


それだけ仕事道具にこだわっているのも、**全部この仕事を愛しているから**。

これからも永遠に、この仕事への情熱が消えることはないだろう。

THE APHORISM OF
ROLAND
7
"LOVE"

「結局恐怖なんかじゃ、
人は繋《つな》ぎ止めておけないからね。
男としての魅力が一番の鎖《くさり》だよ」

辞めていく従業員が多いと、とあるホストクラブオーナーから相談されたときの一言。

歌舞伎町という街に来て、いろいろな別れを経験してきた。同僚や、同業者、そしてお客様と。

刹那的《せつなてき》な街だからしょうがないとわりきればそれまでだが、そう簡単にわりきれないのが人間というもの。

特に店舗の責任者からすれば、従業員がいなければ店は回らないし、ホストからするとお客様の数が直接収入に影響するわけだから、死活問題である。

そこで、自分のもとを離れないために対策を練るわけだが、その方法は様々だ。その中には暴力というものをチラつかせて繋ぎ止める方法もある。今は減っているものの、恐怖で従業員を縛《しば》り、他店へ移籍させないようにしている店はまだまだ存在している。

そして、そんな店がまったく流行っていないかというと、ある程度の水準までは売り上げを伸ばすことが多い。歴史を振り返っても、恐怖で支配をした指導者が栄光を築いた例は少なくない。

だけど、断言する。

人は恐怖なんかでは縛っておけないし、その方法を取ると必ずどこかで歪《ゆが》みができるということを。

恐怖支配で一時的に売り上げは上がったが、数年後には衰退して潰《つぶ》れてしまった、なんて店を俺は何軒も知っている。

暴力と恐怖で支配し、他店舗に行かせないようにしているホストから、何人も指名客を奪ってきた。

ある程度の抑止にはなるのかもしれないが、絶対どこかで限界が生じて、遅かれ早かれその防波堤は必ず決壊する。

ではどうすればいいのか。

それは単純だが、**男としての圧倒的な魅力を見せつけること**。これが一番強い。

指名をもらってもう何年にもなるお客様がたくさんいる。地方から自分を慕って働いてくれている従業員が何人もいる。誘惑の多い街だ。数々の誘惑があったであろう。いろいろなホストから指名をもらうために必死に営業をされたお客様や、ほかの店舗から多額の移籍金を積まれた……なんていう従業員もいる。それでも、ずっと自分の側にいてくれるのだ。

もちろん暴力なんてもってのほかだし、俺よりもいい男がいるならば、迷わずその男の胸に飛び込んでいけばいい。純粋にそう思っているし、そう伝えている。

辞めたいという従業員を、無理矢理引き留めたことは一度もない。

その代わりに、その人にとって常に魅力的な男でいよう、カッコいい背中を見せようと努めてきた。

誰より一緒にいたいと思ってもらえるように。

お金よりも暴力よりも、なによりも**「男としての魅力」が一番人を引きつけて離さないもの**なんだ。


……しかし、こんなことを書いていると、改めて噛《か》み締めるよね（笑）。

本の中だから、少し恥ずかしいけれど言わせてもらおうか。


俺の側にいてくれるみんな、本当にありがとう！

ローランドの
名言

仕事

THE
APHORISM OF
ROLAND
"WORK"

日本一のホストのなり方は、日本一のホストになった奴しか教えられない。

中学生の頃、何気なく見ていた夕方のニュース番組で、歌舞伎町のナンバーワンホストが特集されていた。当時サッカー少年だった俺には、まったくもって遠い世界の話。けれども、なぜか脳裏に焼き付いて忘れられなかった。

紆《う》余《よ》曲折《きょくせつ》を経て数年後。
18歳になった俺は気がつけば大学を中退し、歌舞伎町にいた。
苦しい下積み時代も経験したが、ナンバーワンまで上り詰めた。
そんな俺が、ナンバーワンホストとしてテレビで紹介される日がやってきた。
テレビがきっかけでホストになった俺が、今度はテレビに出られる側になれた。

その事実も、もちろん嬉しかった。

でも、一番嬉しかったのは、従来のホストの特集にありがちな、派手なシャンパンタワーや大金が舞うところに注目されたのではなく、俺のプロ意識や仕事に対する想いに注目してもらえたこと。

今までの世間が抱くホストに対するイメージを変えてみせた、センセーショナルな出来事だったと自負している。

俺にとって仕事とは、生き甲斐だ。自分の仕事にかけがえのない愛情を感じているし、誇りを持っている。

仕事を、生きていくための手段ととらえている人も多い。

だけど俺は、そんなふうに仕事をとらえる人間になりたくない。

「明日、私が仕事に来なかったら、宝くじが当たったと思って！」

そんな言葉を聞いたことがある。

そういう人達にとって、仕事とはお金をもらうための手段に過ぎないのだろう。

大金が入ったら、仕事を辞めよう。

日々、そう思って働いているのだ。


だけど、俺は違う。

きっと、宝くじで100億円当たろうが、次の日も定時に仕事へ行くだろう。金のためではない。仕事は、自分の生きるすべてなのだ。

現役ホストを引退した今、今後は実業家として生きていくだろう。
その中で**一番のプライオリティは、利益よりもやり甲斐**。

最近は儲《もう》け話を持ち掛けられることや、高額のギャラのオファーも増えてきた。

その中で、どれだけおいしい話だったとしても、楽しいと思えなかったり、情熱を感じられない仕事は、すべて断っている。

自分が手掛ける商品や店舗はすべて、自分が欲しいと思うか、行きたいと思うかがテーマだ。

嫌みに聞こえるかもしれないが、もうお金が欲しいという気持ちはあまりない。あるに越したことはないが、日銭暮らしというわけではないし、お金に困って働いているわけではないからね。

だからこそ、これからはもっと楽しんで仕事をしていけたらと思っている。

そんな俺の、仕事に関するエピソードや想い、そしてテクニック。そういったものをこの章で伝えられたら幸いだ。

俺は一生、仕事人。

THE APHORISM OF
ROLAND
1 "WORK"

「寝てません。まぶたの裏見てただけです」

一大イベントの企画会議中に、居眠りをしていることを注意されての一言。

日々、多忙なスケジュールをこなしていると、睡眠時間がなかなか確保できないときがある。そんなときに限って、大切な打ち合わせが入ってしまうもの。

日本でもトップクラスの有名なイベントのアンバサダーの候補に入ったと連絡があった。ホスト業界では誰も参加したことのないような、一大イベント。

自分はもちろんマネージャーも、滅多にない機会だ！　と意気込んでいた。

そしてついに、面接も兼ねた企画会議の日。

企画書を持った大人達が何人も応接間に来た。

俺も気合いを入れて打ち合わせに参加したつもりだったのだが、なんにせよ眠い（笑）。

不幸なことに、その先方さんの声がまたいい感じにウィスパーで、俺の眠気に拍車をかけてくるではないか……。

ただでさえ、「ホストなのだから、だらしない」という固定観念を持っている世間一般の人々。寝てしまえば、そんなイメージを更に増長させることになる。

でも、人間とは不思議なもので、ここは寝てはダメだと思えば思うほど眠くなる。

結論から言おう。俺は、寝てしまったのだ。

大切なオファーの面接と企画会議。そんな場面で寝てしまった俺に気づき、マネージャーが起こしてくれたのだが、皆の視線は痛い。

「あーあ、ローランド起用するのリスクがあるなー。だらしないなー」

「キャスティング担当に報告しないとだなー」

視線がそう語っていた。

そんな逆境に追い込まれたとき、不思議と人は思わぬ発想をするものだ。

ここで謝るだけなら。きっと誰でもできるに違いない。

この四面楚歌《しめんそか》の窮地《きゅうち》を救ってくれるのは、**最高に洗練されたワールドクラスのユーモア**だ。なぜか、そう確信した。

そして俺が言った一言が、

「寝てないです。まぶたの裏見てました」

……我ながら、なんという芸術的な返しだろう！

まず寝たという事実を真っ向から否定し、意思の強さを見せつける。

続いて、まぶたという目の前一番近くに存在しているにも拘《かかわ》らず、誰も目に留めてくれない。そんな悲しき存在であるまぶたのことを、俺は無視することなく、溢れんばかりの慈悲の心でしっかりと見つめている。

そんな優しさの権化のような男なのだと、さりげなくアピールする。強さと優しさの二世帯住宅とでも言おうか。**歴史に残る伝説のボケ**だったと思う。

そんな一言を聞いて、凍っていた空気が一気に爆笑の嵐になったことは、説明をするまでもないだろう。

結局、候補が何人かいた中で、俺はメインのアンバサダーを勝ち取ることができたのだ。

のちに、キャスティング担当の方に話を聞いた際に、

「いろいろな要素があったが、あの時の一言でローランドを使いたいと確信したよ」

そう言ってもらえた。

誠心誠意、謝ることは大切だ。

でも、**絶体絶命のピンチを救える力が、ユーモアにはある。**

そんな、ユーモアの持つ底知れない力を、改めて再認識した出来事であった。

THE APHORISM OF
ROLAND
2 "WORK"

「自信を持てとは言わない。自信のあるフリをしてみな！」

ローランド氏の番組内にて、自信がないと悩む女性に向けての一言。

人を魅力的にさせる最も大切なツール。それは自信だと思っている。

では「はい！　今から自信を持ってください！」と伝えれば、誰でも簡単に自信が持てるようになるかと言えばそうではない。

そんな簡単に自信が持てたら、今頃スマホの所有率と同じぐらい、みんなが自信を所有しているはずだ。

だからいつもアドバイスするのは、**自信のあるフリでいい。自信のあるフリを頑張ってやってごらん**、と。

人の心とは難しい。自分でどうこうできない部分が大半だ。

だから、無理に自信を持とうと気負いすぎると、

「自信持たなきゃいけないのに、自信が出てこない。あぁどうしよう……」

って、負の連鎖に陥るのが関の山。

そんなときは、「自信がない自分」を素直に受け入れてあげればいいんだよ。

「そうか、お前は自信が持てないんだな！　よしわかったよ。もうしょうがねぇよ！」

って（笑）。

・まず受け入れる
・そのうえでどうしたら自信があるように見せられるかに視点を変える
・背筋を伸ばしてみる
・ゆっくりとしゃべってみる
・声のトーンを落としてみる

などなど。

どう？　これならできそうじゃない？

建設的じゃない？

昨年のロシアW杯グループリーグ初戦のコロンビア戦。前半3分の香川のPKだって、蹴る前に笑っていた。

あの表情を見て、ああ、これはまず外さないな、と俺は思った。

心理状態は変えられなくても、仕草ならその瞬間から変えられる。

自信のあるフリをしていて、たまたま話が少しウケて流れを摑んできて、「あれ？　そういえば、気づいたらいつのまにか自信満々でしゃべれているじゃん！」

ということになったことが多々ある。

自信があるように振る舞っているうちに、なりたい自分に近づけた、というわけ。

だから、従業員たちにも常日頃から言っている。

自信のあるフリをしろ、と。

ま、俺クラスになると、常に鏡とジャンケンしても勝てるぐらいの自信が備わっているのだけど！（笑）

THE APHORISM OF
ROLAND
3 "WORK"

「人のＳＮＳは見るな！」

今、人々に伝えたいことは？　と聞かれて。

人のＳＮＳを見て嫌な思いをする人って多いと思う。

それならばね、極論言うと**見なければいい**。

まず大前提として、俺だって人間だ。嫌な書き込みやコメントを見れば人並みに嫌な思いをするだろう。

だからこそ、俺はＳＮＳや掲示板を見たり、エゴサーチをしたりしないと決めている。

そういった行為は、**タンクトップで蜂蜜取りに行くのと同じぐらいナンセンス**。

嫌な思いをするとわかっていて、やる意味がわからない（笑）。

なんで？　なんでやるの？（笑）って。


自分のことが嫌いな人なんて、探さなくたって見つかるではないか。

いちいち自分から探さなくたっていい。

もちろん、人の意見を聞くこともちょっとは（！）大切だけれども、匿名の会ったこともないような人の意見に自分の生き方やモチベーションを左右されるなんて、そんなつまらない生き方ってなくない？

情報過多のこの時代。情報をシャットアウトすることはかなり難しい。

だからこそ、意識的に不要な情報が入ってこないように努めてきた。

その方法のひとつが、**人のSNSを見ない**という方法だ。

自分が唯一無二の存在と言ってもらえるのは、きっとこうして周りからの意見を上手くシャットアウトし、自分が信じた道をひたすら進んできたからだと思う。

誹謗中傷《ひぼうちゅうしょう》やアンチの存在を意図的にチェックしていたら、無意識に叩かれない方法やみんなに好かれる方法を取っていただろう。

そうして流行りのGUCCIの服に身を包み、当たり障りのない言動をする、石を投げればぶつかるようなつまらない人間になっていただろう。

自分が正しいと思った道を行けばいい。

俺は、**仕事のやり方には三種類ある**と思っている。

- **正しいやり方**
- **間違ったやり方**
- **そして、俺のやり方**

俺はこれからも俺のやり方で、生きていく。

THE APHORISM OF
ROLAND
4 "WORK"

「売れないときは、堂々と売れ残ってやる」

調子が悪いときはどうするのか？　と聞かれ。

調子の悪い月は誰にでもある。

俺にもね、そんな月がなかったわけじゃない。水商売や営業職をやっている人達は皆こうした経験はあるのではないか。


では、そんなときどうするか。

俺は、堂々と売れ残ってやろうと決めている。

開き直っていると言われたら確かにそうなのだが、真相はもっと深いところにある。

なにも日々の努力を怠《おこた》り、ふんぞり返って売れ残るわけじゃない。それはただのサボりだからね（笑）。

調子が悪いときだって、最大限の努力は惜しまない。

俺が言いたいのは、お客様が来てくれないからといって、いつものスタンスを崩し自らをディスカウントして叩き売りをする、バーゲンセールを開催するというのは、自分の美学に反するということだ。


調子が悪くなると、皆どうもこの路線に逃げたがる。

余裕のなさを前面にさらけ出し、必死に来店をねだってしまったり、自分自身をセール品にしてしまう。

そんなの全然美しくない！

カッコよくない！

一番良い物が、一番売れるかと言ったらそういうわけじゃないんだ。

世間を見渡せば、ロールス・ロイスよりもプリウスが走っているじゃないか。

トータルのセールス額で言えば、きっとプリウスのほうが売れているだろう。

だからと言って、売れ残ったロールス・ロイスがいきなり値下げなどし始めたら、もうロールス・ロイスはロールス・ロイスではなくなる。

売れなかろうと堂々とショーウィンドーの中に佇んでいるからこそ、ロールス・ロイスなのだ。

ローランドは、いかなるときも自分をディスカウントなんてしない。

自分にバーゲンセールのシールなんて、死んでも貼るものか！

売れないんじゃない、みんなが買えないだけだ！

憧れと現実は別物。
みんなの手に届く存在ではない、というだけ。
そう思って、気にしない。

無様に勝つぐらいなら、美しく負ける。
まぁ俺は、美しく勝つんだけど（笑）。

THE APHORISM OF
ROLAND
5 "WORK"

「ホストはお中元じゃないんだぜ？」

やたらと謙遜《けんそん》するホストに向かって。

「つまらないものですが！」

この言葉が幼少期からとても疑問だった。つまらないと知っていてなぜ、人に渡すのだろうか？　って。

俺ならば「最高に素敵な逸品です！」と言って渡すのになぁと。

ホストは自分を売り込む仕事。

自分を売り込むときにはエゴイスティックに、世界で最高の俺だけど！　って売り込みをするべきだし、そういう男のほうが全然魅力的だ。

つまらないものですと謙遜するのは、一見すると謙虚に映るのかもしれないが、突き詰めて考えると自分がダメだったときの予防線を張りたいだけであり、都合のいい自己防衛でしかない。

最高の男です、と猛烈に売り込んで、

「あぁ、本当に最高の男だ」

と思わせて、初めて一流じゃないのか。

最初から自分がダメだったときの保険を掛けているような男に、どこの女が魅力を感じるというのだ。

俺は席に着いたとき、**自分が世界で、いや、もはや銀河で一番の男だ**と思い接客をしている。

オススメのキャストは？　と聞かれれば、

「ローランドです」の一択。

貴女《あなた》を楽しませる自信があるとハッキリと言う。

ローランドを指名せずにホスト遊びをするなんて、**スキンヘッドがヘアトリートメントしに来るぐらい馬鹿げている**と本気で思っている。

世の男は俺様か、それ以外だ。と。

だから俺は売れているのだ。

これが、

「あ……僕、ろーらんどって言うんですが……。つまらないホストなんですけど……、もし良かったら指名してみてくださぃ……。本当につまんないと思いますけど……」

なんて言っていたらどうだろう？

そこに魅力を感じるだろうか。

俺は忙しいけれど、この1時間は君だけの1時間だよ。

そのほうが喜んでもらえると思う。

そしてその時間を一分一秒無駄にすることなく、有効に使おうと思うはずだ。

ホストに限らず、**自分を売り込む仕事全般に言えるのは、傲慢なぐらいで丁度《ちょうど》いい**、ということ。

いつでもすぐに入れるレストランよりも、行列に並んでようやく入ったレストランで食事するほうが幸福度は高いだろう。

簡単に手に入るものよりも、手に入りにくいもののほうが価値がある。

もっとエゴイスティックに、大胆に自分を売り込め。

THE APHORISM OF
ROLAND
6 "WORK"

「病《や》みはしないね。悩《なや》みはするけれど」

ローランド氏も病むことはあるか？　と聞かれ。

「病む（やむ）」という言葉と、**「悩む（なやむ）」**という言葉。

口にすると一文字しか違わないが、中身はまったく違う。


俺は、「病む」ということは絶対にしないと決めている。

「病む」というのは、その場を傍観《ぼうかん》し、ただ嘆《なげ》いているだけの状態であると言える。その時間はなんの生産性もなく、無駄な時間なのだ。


嫌なことがあったとき、苦しいことがあったとき、そんなときは確かにつらい。

でも、それをいくら嘆いても過去は取り戻せないわけだ。3日間ひたすらに病めば、過去に戻ってやり直せるというのなら話は別だけれど（笑）。

だから、俺は「悩む」。

「どうしたら、もう失敗しないのかな？」「なにが原因だったのかな？」「解決方法は？」

といったように。

「あー、失敗してしまった――」「はぁ、ほんと自分はダメだなぁ……」なんて嘆くよりも、よほど**生産性のある時間**だ。

慣れていない人には多少難しい考え方かもしれないが、現実にしっかりと目を向けて、「病む」のではなく、「悩んで」ほしい。


なにも、悲しむのが悪だ！　というわけではない。

「病む」も「悩む」も、途中経過は同じだ。

「うわ、やっちゃったよ……」「最悪だ……」と、思った次の考え方が分かれ道。

その次に、**どうしたらその状況を解決できるのかという方向に、考えをシフトチェンジする癖《くせ》をつけてみる**こと。

それができると、今までしていた「病む」という行為が、どれだけ無駄で生産性のない時間だったか気がつくことだろう。


眺めていたって、なにも変わらないんだ。

人生成功したければ、やるか、やらないかじゃない。

やるか、やるかだ。

THE APHORISM OF
ROLAND
7 "WORK"

「エコノミーシートがフルフラットなら、
誰もファーストクラスに乗らないからね！」

ローランド氏の接客理念を聞かれて。

あまり好きな表現ではないが、ホスト業界には「太客《ふときゃく》」と「細客《ほそきゃく》」という言葉がある。

「太客」とは、大金を使うお客様。

「細客」は、あまりお金を使えないお客様。

なぜ、この歌舞伎町でトップレベルの業績を上げることができたか。

それは、太客の扱いに長けていたからだと思う。

太客に、**明確に優越感を感じさせてあげる**のは大切なことだ。

みんなに優しいホストは、正直二流だ。そういうホストに大金を使おうと思うだろうか。

大金を使ってファーストクラスを選んだのに、エコノミークラスがフルフラットシートだったら、もう誰もファーストクラスを選択しないだろう。

もちろん、来店してくれることは純粋に嬉しいし、お客様全員に優しくしてあげたい気持ちは山々だ。

けれど、細客に対して過剰に手厚くしないように、**あえて**している。

それは、なぜか。

それが、大金を使うお客様に対しての**マナーであり、気遣いだから**だ。

それは差別ではなく、区別だと思っている。

そういう気遣いを感じて、太客達はローランド指名で長く通ってくれているのだろう。

なにも、細客を邪険に扱うというわけではない。

最低限しっかりと接客したうえで、接客時間などはシビアに明確に違いをつける。

大金を使ったお客様には、「お金を使って良かったな！」「またこの気分を味わいたいな！」と思わせる。

そうでないお客様には、「いつかああいう（太客のような）気分を味わってみたいな！」「次はお金を払えるように仕事を頑張ろう！」と思わせる。


それができるのが、一流ホストというものだ。

ローランドの
名言

人生

THE
APHORISM OF
ROLAND
"LIFE"

常に過去の自分を超えてきた。ここから先は、まだ誰も歩いたことのない新たな世界への挑戦。

今までの人生、最高に幸せな人生と自信を持って言えるが、決して順風満帆というわけではなかった。

自分の人生の中で一番の挫折は、なんと言っても10年以上なにもかも犠牲にして追い続けたサッカー選手という大きな夢が叶わなかったことだ。

とても落胆し、一度は生きる目標を失ってしまった。

けれども人生は続くのだ。立ち上がって自分の足で歩かなくてはいけないわけだ。

傷心が癒えるまで、誰かが代わりに2年ほど自分の人生を生きてくれる……なんてことはできない。

そのことに気づけなければ、危うく自分の人生をエキストラとして生きるところだった。

自分の人生。一度きりの人生。

主役である自分がステージを降りてどうするのだ！　と奮い立たせてここまできた。

主役を任されたのならば、最後まで主役らしく務め上げるのが主役だろうと。

自分の人生なのに、エキストラのように生きていくのはごめんだ！　と。

そんな気持ちで、ここまで走り続けてきた。

自分の人生、自分が主役。

昔から何度も使い古されたありきたりな言葉だが、真理をついた言葉だからこそ、使い古されるほどに使われてきたのではないか。

自分の人生は自分が主役だなんて、一見すると至極当然だ。

だが実際は、エキストラのように生きてしまう人が多いからこそ、自分に言い聞かせるように戒《いまし》めるように、何度もこの言葉が使われてきたのかもしれない。

そして、もうひとつ。**人生において大切にしていること**がある。

それは**自分のことは全て自分で決める**ということだ。

今まで、人に示された道を歩んだことが何度かある。

ひとつは大学進学。

そしてもうひとつは、字が汚いからと通わされたボールペン字講座だ。

大学については、前述したとおり、入学式を最後に退学届けを出した。

ボールペン字講座に関しては、そもそも俺の字が汚いのではなく、俺の顔と心が綺麗過ぎて字が汚く見えるだけじゃないか！　こんなことやってられるか！　と同じく初日でやめた。


人間、人にやらされたことにまで、いちいち情熱を燃やせるほどお人好しにはできてないんだ。

敷かれたレールを走る人生は、一見すると楽なのかもしれない。

でもそんな人生、果たして楽しいのだろうか。


俺なら、敷かれていようが敷かれていなかろうが、もはやレールにすら乗りたくない。

レールは前には行けるが、横には行けないからね。

そんな不自由なものに乗るぐらいなら、遅くてもいい、自分の足で自由に動き回りたい。
そう思い生きていたら、いつしかその足で俺は空港にたどり着き、飛行機に乗って、結果的にレールを走っている奴よりも遠くに行くことができた。

人生そんなもんだ。
結局やりたいことを、情熱を持ってやっている人間が強いんだ。

自分の人生、自分が主役。
まさにそのとおりだ!

俺の人生、俺だけの人生。主役は誰にも譲らない。

THE APHORISM OF
ROLAND
1 "LIFE"

「持っている財産？
今俺が嚙んでいるガムぐらいだねぇ」

因縁をつけて、金銭を要求してきた男達に向かって。

昔は驚くほど、歌舞伎町も危ない街だった。

そして俺は昔、驚くほど金がなかった。

実は若い頃、何度かチンピラに因縁をつけられたことがありまして。

もちろん今は街のみんながリスペクトしてくれているからそんなことは絶対にないんだけれど。

あれは、ホストになりたてのある日。相変わらずのヘルプ続きの日々。くたくたになって、ふらふらと歩きながらの帰宅途中で、柄の悪い男二人組にぶつかってしまった。その相手がタチの悪い男でね。

「治療費を払え！」と、この俺に向かって言ってきた。

実際お金なんて数百円しか持っていなかったから、純粋に**俺が持っている金目の物なんて、俺が今噛んでいるガムしかない**。

正直にそれを伝えた。**俺はのちに、スターとなる男だと**。

その男達も馬鹿だよなぁ。

素直に受け取っていれば、今頃オークションでひと財産ぐらいにはなっていただろうに（笑）。

それを聞いて逆上した男は結局、近くにいた警官に連れて行かれた。
昔は街の誰もが、俺の価値なんて気づいてくれなかった。
昔は街の誰もが、俺をリスペクトしてくれなかった。
そんな状況でも俺は俺のことを信じ、自分は価値のある人間なのだと信じていた。
今もし、その男達が泣いてお願いしてきたって、
絶対絶対、俺の噛んだガムはあげないね!!

THE APHORISM OF
ROLAND
2 "LIFE"

「貴方はそんな親からもらった大事な髪の毛、ほとんどなくしているじゃありませんか？」

金髪にするのは親からもらった髪を粗末にする行為だ、と親戚に小言を言われて。

ある年の正月に親戚一同で集まったとき、このローランドの代名詞とも言えるブロンドヘアに小言を言ってくる親戚がいた。

おそらく、酒に酔っていたのだろう。

「金髪にすることは、親にもらった髪の毛を粗末に扱う行為だ」と言ってきた。

それならまだしも、両親に向かって、「親の育て方が悪いからこうなるのだ！」とまで言ってきたのだ。

自分のことを悪く言われるのは特に気にならないのだが、家族のことについて言われるのは少々気分が悪い。

ましてや、親戚一同が集まってパーティをしている中で、両親に恥をかかせるようなことを言ってくるこの男に対して、俺は憤りを感じた。

そんなときに言った一言が、これである。

「親からもらった大事な髪の毛じゃないか！」

というわりに、その男の頭は禿《は》げ上がり、髪の毛はほとんど生えていなかったのである。

そんな矛盾点を、指摘して差し上げたというわけだ。

もし人に対して憤りを感じても、声を荒らげて伝えるのは紳士としては少々不躾《ぶしつけ》だ。なによりそんなことをすれば、場の雰囲気が悪くなる。

そう機会があるわけでもない親戚の集まり。この状況の中で最適な一言とは？状況や相手の心理、ここにいるメンバー……。俺は頭をフル回転させた。その結果、生まれた一言だったというわけだ。

相手を罵《ののし》り、不毛な口喧嘩《くちげんか》を勃発《ぼっぱつ》させるよりも、**相手を抑止するような一言をサラッと言えるのがデキる男**なのではないか。

この一言でその男は黙り込んでしまったし、おそらく、ほとんどの人が笑っていたと記憶している。

それで良いのだ。

笑顔の人が多ければ、自然と空気も良くなる。

そもそも、この状況は笑ってはいけないのだろうが、笑ってはいけないという状況こそ、究極の笑いの境地なのである。

結果、めっちゃウケた。

相手には多少悪いことをしたなぁと思うが、まあ酔っていたし、覚えていないだろう（笑）。


そしてどんなときも、ユーモアを大切にすることは忘れない。

食事するとき、仕事の話をするとき、相手に愛情を伝えるとき。

そして、このように皮肉を言うときも。


知恵と知識をフル活用して、いつも最適な一言を。

笑いがあれば、たいていのことが上手くいく。

THE APHORISM OF
ROLAND
3 "LIFE"

「反骨心が俺の恩人であり相棒さ」

成功を支えてくれた人はいるか？　の問いに。

ホストを始めて、つらかった経験は何度もある。

そんなときに自分の支えになったのが、**強烈な反骨心**だ。

学生時代、すべての時間をサッカー選手になるという夢に捧げ、挙句、その夢が叶わなかった俺。人生で一番悔しく、そして惨めな経験だ。

その結果生まれた思わぬ副産物が、とてつもなく大きな反骨心だった。


つらい下積み時代。人々から酷評《こくひょう》され、給料もほとんどなく、安いパンをかじりながら、寒い部屋で毎日、自問自答する。

「俺の人生、こんなものか？」

「俺って、この程度？」

すると、**心の中のローランド**が、

「もうあんな悔しい気持ちは味わいたくない！」

「サッカーはダメだったが、このステージでは絶対に負けない！」

「ホストでもダメなら、俺はずっと負けの人生じゃないか！」

と**叫び返してくる**。

不思議と、明日も頑張ってやる！　という気持ちになるのだ。

夢破れたあと、未熟な俺は、夢を追い続けたその十数年が無駄だったと恨んだ。

だがしかし、その日々は強烈な反骨心に姿を変え、知らず識《し》らずのうちに**自分の強力な味方**になってくれた。

明日への活力になってくれた。


負けることは、恥ずかしいことでもなんでもないさ。

このローランドだって、一度は夢破れ、落胆した中の一人なのだから。

一番恥ずべきことは、ダメだったときの言い訳として、全力で頑張らないことだ。

中途半端に取り組んだ結果の敗北は、君になにももたらしてはくれない。

成功するかしないかなんて、心配しなくていい。

まずはひとつのことをとにかく全力でやってみてほしい。ぶつかってほしい。

成功すれば、万々歳。

だが、もし夢破れても、その経験は貴方に反骨心という最高のパートナーをプレゼントしてくれる。

それは、**適当に生きている奴らが絶対に手にすることのできない、とっておきのプレゼント。その相棒がいれば、次はきっと成功するさ！**

……ちなみに、あれから8年。

いろいろなご縁でサッカーの仕事をする機会が増えた。そんな中、自分のサッカーシーンをテレビで放映したいとのオファーが。

その取材中に、俺はオーバーヘッドキックでスーパーゴールを決めたのだ。我ながら持っている（笑）。

きっと昔のハードなトレーニングがなかったら、決められなかっただろう。

ほらね！　やっぱり無駄な努力なんてひとつもないんだ！

THE APHORISM OF
ROLAND
4 "LIFE"

「頑張っていたら、みんなにありがとうと思える日がくる」

2018年ラスト・バースデー後のインタビューにて。

自分を好きな人ばかりではない。

冷たくされることや、馬が合わない人も。

そういう人のことを悪く思うこともある。

嫌なこと不幸なことも、生きていればそれなりにあるものだ。


だけど、最近気づいた。

頑張って最高の結果を出したり、なにか大きな成功を掴むと、不思議とそんな人達にも、心からありがとうと思えるのだ！

人間というのは、本当に都合がいい（笑）。

成功を掴んだ瞬間、過去はどうにかして美化しようとする習性があるようだ。


あの時、大っ嫌いだった先生も。

自分を裏切った女性も。

価値観の合わなかった上司も。

キツく当たってきたお客様も。

この日のために、この景色を見るために存在していたのかな？　と思うと、**なぜかとても愛しく思えてくる。**

あの悔しさがあったから頑張れたなとか、あの経験があるから強くなれたなとかね。

だからね、**人を恨む暇があったら、まず、めちゃくちゃ頑張ったらいい**と思うんだ。

なにかを成し遂げたら、そんな負の感情どこかへ行ってしまうから。


実はこれ、2018年のラスト・バースデーのときに気づいたことなんだけど。

最高の結果で誕生日を迎えられた、その日の営業後。

嫌な人達や、つらかった経験はこの日のためにあったんだ！

あれがなかったら、こんな素敵な気持ち味わえなかったかもしれない！

そう考えると、**心からみんなにありがとうだ！**

純粋にそう思った。


あの日以降、どんなに嫌な人に会ったとしても、嫌なことがあったとしても、**最高の成功を掴めばまた、そんな人にも、不幸にも、必ずありがとうと思える日が来るということ**

を知っているから、そんなに気にならなくなった。

人を恨んだり、過去を嘆いたりしてる人達は、きっと努力が足りない人。

頑張って、そんな人達にもありがとうと思える瞬間を、是非味わってみてほしい。

THE APHORISM OF
ROLAND
5 "LIFE"

「ローランドですら負けることがあるんだぞ！
メッシだってPKを外すんだ。
お前は神様にでもなったつもりか？」

ミスをして落ち込む後輩にキツい一言。

ローランドもね、毎回毎回すべてパーフェクトなんかじゃない。渾身のジョークが完全に滑る日もあれば、お客様を怒らせて帰らせてしまうときもある。毎月毎月、ナンバーワンだったわけじゃない。そんな日は俺も、人並みにショックを受ける。

だけど、批判や追及は俺がやらなくたって、ほかがやってくれるものだ。しかも頼んでいなくても（笑）。だったら、**自分ぐらいは自分の味方をしてあげたらいい**。

よく頑張ったじゃないか、また次、頑張ればいいじゃないかと。いつもそうやって自分を励ましているし、自分のことを守ってあげている。

月並みな言葉だが。**ミスは人を確実に成長させるし、気持ちを引き締めてくれるものだ。**

……そもそもひとつ言いたい。

このローランド様とて、ミスをするのだ。

それに弘法先輩も字を誤れば、メッシもPKを外すし、猿も木から落ちる。

そりゃあ、**君達がミスをするなんてしょうがないオブしょうがないこと**だ。

別になんてことないじゃないか！　一通り落ち込んだら、あとはもう自分は自分の味方。

そして、あとはこう心に誓ってやればいいのさ。

次こそは、絶対に成功させてやるんだ！　と。

THE APHORISM OF
ROLAND
6 "LIFE"

「全力で向き合ったからこそ、
全力で諦《あきら》められた」

夢破れた高校時代を振り返って。

俺には夢を諦めた過去がある。

10年以上追い続けていたサッカー選手という夢を、俺は自らの意思で諦めたのだ。


忘れもしない2010年の10月13日。

東京都大会の決勝で、我々帝京高校は敗れ、引退が決まった。

その時湧き上がってきた感情を、俺はいまだに鮮明に覚えている。

敗れた悔しさはもちろん、

「やっと終わったな、やっとサッカーを離れられる」

と、安堵《あんど》と解放感に似た感情も湧き上がってきたのだ。

不思議と、まったく未練を感じなかった。

あの清々しい感情は、あとにも先にもこの日だけだ。

今まで生き甲斐だったことに対し、そのような感情が湧き上がってきたことに、内心とてもショックを受けたことを覚えている。

でも、どう自分に問いただしても、心からそう思うのだ。

今考えると、全力で取り組み、全力で向き合い、自分が考えうる限り最大限の努力をした結果だからこその感情だったのだろう。

サッカーに関して言うと、実は俺はそんなに才能のあるプレイヤーではなかったんだ。


あれは中学生の頃だっただろうか。

今は日本代表になった同世代の選手のプレーを、間近で見たことがある。その時に、レベルの違いを痛感させられた。


だから、人が見ていないところで俺は毎日練習した。みんなが楽しくデートしているときに、みんなが友人と遊んでいるときに、毎日毎日、俺は夢を叶えるために練習した。

思えば、学生が普通に経験するであろう体験を、俺はほとんどしていない。

文化祭やなんかの学校行事。

公園でなにをするでもなく語り合うこと。

仲間同士でちょっとした悪さをした、なんてこともない。

ひたすら、ボールだけを追いかけていた。

すべての時間を、夢に費やしたんだ。

そのぐらい真摯《しんし》に、真正面から夢と向き合ったからこそ、無念さと悔しさ、そして安堵と解放感という感情が湧き上がったのだろう。

これでプロになれないなら、なにがあっても絶対に無理だと思った。

もし、適当な気持ちで夢に向き合っていたら？

なんとなーく努力していたとしたら？

きっと、「俺だって、本気出したらそのうち……」なんてカッコ悪いことを思いながら、今でも中途半端に、夢とも言えない夢を追いかけ続けていたかもしれない。

夢は叶わなかった。

けれども、あの時過ごした十数年は、俺に**夢や目標に全力で向き合うことの大切さ**を教えてくれた。

THE APHORISM OF
ROLAND
7 "LIFE"

「先の見えない人生が怖いって？
俺は先が見えてしまった人生のほうが
よっぽど怖いね！」

大学を辞めてホストになるなんて先が見えないだろう、と言われたローランド氏が答えた言葉。

入学して早々に、大学を辞めた。

入学式のとき、周りを見渡してみた。

こいつらはなぜ、ここにいるのだろう？

なんとなくキャンパスライフを楽しむためだろうか。

「大卒」という肩書きのためだろうか。

妙に冷静に考えていた。


すると入学の挨拶が遠いノイズのように聞こえてきて、頭の中で将来の自分が見えてくる。

ただひたすらに興味のない講義を受け、人並みに就活をして、特にやりたくもない仕事を、生きていくためにこなす。

横には妥協して選んだであろう小太りの妻がいて、生活感の溢れる普通の家で缶ビールを飲みながらテレビを見ている。

車はローンで買った国産の大衆車。特売品を詰め込んだ買い物袋を助手席に載せた帰り道。信号で止まった車からふと横を見ると、隣には同じく信号待ちのピカピカのベンツが止まっていて、俺は羨ましそうにそれを眺める。

そんな人生が見えてしまった。

入学式のその日、俺は**自分の人生の先を見てしまった**のだ。

その瞬間、とてつもない恐怖感を覚えたのを今でも忘れない。

「え、これが俺の人生？」

一度きり、とっておきの人生だと思っていた俺の人生って、こんなものなのか？

そう思った。

その瞬間、

「ここは俺がいるべき場所じゃない」

そう確信したんだ。


そこからの行動は早かった。

すぐさま大学の退学届を書き、提出しにいく。

退学届には、

「歌舞伎町で一番のホストになる！」

とだけ書いた。

当然、大学の人達は止めてくる。

そんな仕事をしても、人生先が見えないじゃないかと。大学を卒業してちゃんと働くのがベストだと。

でも俺にとって一番怖いのは、人生の先が見えることだった。

先の見えない人生でいいじゃないか！

なにが起こるかわからないのが人生だし、自分の力でどれだけでものし上がれるって、素晴らしいじゃないか。

そう思い、俺は歌舞伎町へとたどり着いた。

今でも、自分の人生の先は見えていない。

なんでかって？

眩《まぶ》しすぎるからさ！

ローランド
珠玉の名言集
ROLAND
THE BEAUTIFUL WORDS OF WISDOM

ROLAND
1
THE BEAUTIFUL WORDS OF WISDOM

「いつでも鏡を見られるように。ほら、俺って眩しすぎるからさ」

なぜ常にサングラスをつけているのかを聞かれて。

ROLAND
2
THE BEAUTIFUL
WORDS
OF WISDOM

「ローランドが下を向くのは、出勤時に靴を履くときだけさ」

ローランド氏も落ち込むことはあるのか？　と聞かれた際の回答。

ROLAND 3
THE BEAUTIFUL WORDS OF WISDOM

「今も昔もこれからも、史上最高のホストは俺だなと思わせてもらいました」

2018年のバースデーイベントで引退した際に、最後のスピーチで言った言葉がこちら。

ROLAND
4
THE BEAUTIFUL
WORDS
OF WISDOM

「大海《たいかい》さん？　ごめんなさい。確かに知らないけれど、きっと向こうは俺のこと知ってるぜ！」

「『井の中の蛙大海を知らず』が、貴方にピッタリだ」と言ってきたインタビュアーに対してのローランド氏の回答。

ROLAND
5
THE BEAUTIFUL
WORDS
OF WISDOM

「歴史なんて勉強するもんじゃないね、作るものだから」

学生時代、世界史の先生に授業態度が悪いことを指摘された際に言ったという言葉。本人曰く、我ながらこじらせた学生だったと笑う。

ROLAND
6
THE BEAUTIFUL
WORDS
OF WISDOM

「天は二物を与えないなんて嘘に決まってる。俺もらいすぎて困ってるから返却先知らないか？」

しゃべりも容姿も優れていると褒《ほ》められた際に。彼なりの照れ隠しでもあるのだろう。

ROLAND
7
THE BEAUTIFUL WORDS OF WISDOM

「俺の隣がインスタ映え。だから俺は場所なんて気にしない」

インスタ映えを過剰に気にする最近の若者達について、どう感じるかを聞かれて。

ROLAND
8
THE BEAUTIFUL
WORDS
OF WISDOM

「前だけ見るのは人生だけだぜ」

後輩に運転指導した際、「ルームミラーで後方もしっかりと確認するように」と言ったあとに続く言葉がこちら。ローランド氏のポジティブさがうかがえる一言である。

ROLAND 9
THE BEAUTIFUL WORDS OF WISDOM

「ホストをやるために生まれてきたんじゃない。ホスト業界が俺にやってもらうために生まれてきたんだ」

指名客に「ローランドさんは、ホストをやるために生まれてきたような人だ！」と言われた際の回答。

ROLAND
10
THE BEAUTIFUL
WORDS
OF WISDOM

「ヴェルサイユ宮殿行ったら、観光じゃなくて内見だと思われないか心配だなぁ」

フランスに観光に行ったときに。

ROLAND
11
THE BEAUTIFUL WORDS OF WISDOM

「ごめん。俺さ、カッコのほうからつきたいと懇願《こんがん》してくるんだよね」

新人時代、とある先輩に「お前、カッコつけてんじゃねぇ」と言われたときのローランド氏の返答。カッコ（格好）からストーカーされていると語る。

ROLAND
12
THE BEAUTIFUL
WORDS
OF WISDOM

「自分の大事な物ぐらい、自分の力で守りたいからさ」

iPhoneカバーを付けないというポリシーについて聞かれて。
ちなみに、あまりにもすぐ落として割れるので、今現在は付けているとのこと。

ROLAND
13
THE BEAUTIFUL
WORDS
OF WISDOM

「ホストが顔で売れるなら、今頃俺、80億ぐらい売ってるよ。ホスト業界はそんな甘い世界じゃない」

ホストは顔が良ければ売れるのか？　と聞かれて。

ROLAND 14
THE BEAUTIFUL WORDS OF WISDOM

「出演料はサービスしとくよ」

夢に出てきました！　と言ってきたファンに対して。
「その代わり、夢に出すなら主演で頼むな」というセリフがあとに続く。

ROLAND
15
THE BEAUTIFUL
WORDS
OF WISDOM

「そうですか？
産院で処女を探すぐらい難しいと思いますがね。せいぜい頑張ってください」

前所属店舗の新オーナーにクビと宣告され、「お前よりいいホストは歌舞伎町にたくさんいる」と言われた際に。これがきっかけで、ローランド氏は移籍することとなる。

ROLAND
16
THE BEAUTIFUL
WORDS
OF WISDOM

「あるよ。『使いこなせない』の間違いでは？と思って気にしなかったけれどね」

「ローランドさんも、使えない後輩と言われた経験はありますか？」と、とある新入社員に聞かれて。

これぞ発想の転換！

ROLAND
17
THE BEAUTIFUL WORDS OF WISDOM

「俺に『ウォーリーを探せ』だって？ 捜査にご協力ください の間違いだろ」

果たしてジョークなのか本気なのか……。ローランド氏のプライドの高さが垣間《かいま》見える一言。

ROLAND 18

THE BEAUTIFUL WORDS OF WISDOM

「ソファという展望台から数えきれない人の人生というものを見てきましたからね」

久しぶりに会った恩師に、「ホストを始めてから、ずいぶんと大人っぽくなったじゃないか」と言われた際に、ローランド氏が言ったとされる一言。

ROLAND
19
THE BEAUTIFUL WORDS OF WISDOM

「俺の知るお前は、骨折したときの松葉杖みたいな男じゃない。お前、寂しいときの都合がいい男で終わるような奴じゃないだろ？　松葉杖なんて、ケガが治ればガラクタ扱いだぞ！」

意中の女性に二番手扱いをされて悩む、学生時代の友人に対して。学生時代の友達とは、今でも親交があるという。ちなみに、このシーンは普通の居酒屋だったのだとか。

ROLAND
20
THE BEAUTIFUL
WORDS
OF WISDOM

「『いい靴はいい場所に連れて行ってくれる』だなんて、人まかせだ。俺は、『いい靴を自分でいい場所に運んでやる』」

密着取材中、靴にまつわる有名な諺《ことわざ》について。
ローランド氏は、靴をとても大切にすることでも有名である。

Q&A to learn more about ROLAND

ローランド氏をより深く知るためのQ&A

ローランドの日常

01 1日のタイムスケジュールは？

自分のコンディションの確認のため、毎朝起きたら30分は鏡の前に立つ。そこから軽食を食べて、音楽を流しながらストレッチ。その後ジムワークを必ず1時間。シャワーを浴びて、読書。そこから仕事に入る。

02 休日はなにをしている？

仕事の合間のちょっとした休みは映画鑑賞やドライブ。まとまった休みがあったときは、基本的に旅行に行くことにしている。美しい自然や建造物、エンターテインメントに触れることは、仕事のプラスにもなるし、なにより生きていくうえで人生を艶(つや)のあるものにしてくれる。

03 この前のお休みはなにをした？

ちょうど新しい車が欲しかったので、車を買いに行った。普段用の車として新たに、

アストンマーティンのDB11

を購入したよ。

04 とっておきの過ごし方はある？

深夜にドライブをする。頭が空っぽになって、新たなアイディアが浮かんできたりする。世間が「名言」と言うようなセリフはドライブ中に思いつくことが多いのは、ちょっとした裏話。

05 出かけるときの持ち物は？

財布、iPhone、鍵。必要最小限。もともと持っている物が少ないし、あまりたくさんの荷物を持って行動するのはエレガントではないからね。

06 必需品は？

男としての誇り

動物と人間の違いは、プライドがあるかないかだ。

07 大切にしている決まりごとは？

昨日の自分に負けないこと。
自分に嘘をつかないこと。

14 自分を「弱い人間」と感じた瞬間はある？

あるからこそ、毎日努力している。上に行けば、自分がまだまだ弱いと感じるハードな出来事や、強い奴にたくさん出会うからね。でもその出会いが、自分を強くさせてくれている。

15 ローランドが考える男らしさってなに？

仕事への真摯な気持ちと責任感を持っているか。そして、つらいときに頑張れるか。いいときに頑張ることができる人間はたくさんいる。自分が苦しいときに、いかに頑張れるか。つらいときこそ、男の真の姿が見えてくると思う。

16 一番影響を受けた本は？

『人を動かす』（デール・カーネギー著）。人を扱う仕事をするうえで、学ぶべきことがたくさんあった。

17 視覚・聴覚・触覚・味覚・嗅覚、一番大切にしているものは？

視覚

美しいものを見ているときが、なにより幸せだから。

18 自分以外に美しいものはなに？

音楽や建造物、スポーツの感動的な瞬間など、枚挙にいとまがない。無償の愛というのも、目には見えないがとても美しいと思う。

19 誰よりもローランドをよく知る人は誰？

熱狂的なファン（笑）。自分でも知らないような自分のことを調べて知ってくれていたりする。もし自分のことで知りたいことがあったら、そういう人達に聞くことにするよ。「あれ？　俺が二番目に好きな食べ物ってなんだっけ？」とかね。

アバウト・ローランド

08 ありのままの自分でいられる場所は？

職場かな。ホストクラブの現場で接客をしている瞬間、自分が最も輝いて自分らしくいられる。現在いろいろな仕事をしている中でそう思うわけだから、きっとホストという仕事が天職なのだと思う。

09 なにをしているときが一番幸せ？

自分が人々を熱狂させていると実感するとき。美しいもの（アートや食、音楽など）に触れているとき。プロフェッショナルな人に出会ったとき。そして素敵な女性に出会ったとき。

10 「小さな幸せを感じる瞬間」ってある？

ふと目が合ったデジタル時計が、ちょうど誕生日と同じ数字を示していたときとか。わりとそんなことでも幸せを感じられたりする。

11 元気の源は？

それはもちろん、ローランダーのみんな。応援してくれる、楽しみにしてくれている人がいるというのは、自分にとって本当に大きな支えになっている。

12 一番得意なことはなに？

サッカー

今でもプロと同じ水準ぐらいのトレーニングは、こなせる自信がある。

13 人生最大の失敗ってなに？

惰性で決めた大学進学。なんとなくで人生を決めてもいいことなんて、なにひとつない。男なら自分で悩み、自分で決断した道を行くべきだと痛感させられた失敗だった。

26 最近、一番慌てたことは？

サングラス

を無くしたこと。サングラスは俺にとって顔みたいなものだ。サングラスをなくすのは、顔を半分失ったのと同じ感覚だった。

27 今一番わくわくしていることは？

従業員達の成長。日々たくましくなっていく従業員を見ていると、とても微笑ましい。時には教師として、時には親として、そして時には社長として、これからも彼らを成長させていきたい。

28 最近、人に言われたことで一番嬉しかったことは？

オーナーが、ローランドの独立を心から応援していると言ってくれたこと。独立がご法度のこのホスト業界で、こんなにも快く送り出してくれるオーナーに、最大級の感謝を伝えたい。

ローランドと女性達

29 ローランドにとって女性はどんな存在？

美しい花。美しい花におもしろいことを言ってほしいとか、歌を歌ってほしいなんて思わない。ただいてくれるだけで幸せでしょ？女性とはそんな存在。

30 生きていくうえで欠かせないものは？

（素敵な）女性

いい女達に出会うために生きている、と言っても過言ではない。素敵な女性達が、ローランドが生きていくうえでの最大のモチベーション。

20 長いことやりたいと思っているけれど、実現していないことってある？

世界一周旅行

でも必ず実現する。やるって決めたことは、必ずやる。

最近のローランド

21 スマホで一番最後に撮った写真は？

仕事のメモ。なんでも写真撮ってメモしている。便利な時代になったものだ（笑）。

22 一番最後に泣いたのは？

2018年W杯
ロシア大会ベルギー戦

勝てると思ったんだけどなぁ。源ちゃん（日本代表DF昌子源選手）がグラウンドを叩いている姿を見て、めっちゃ泣いた。

23 最近、一番笑ったことは？

同窓会での昔話。なんで学生時代の馬鹿話は、いくつになってもあんなに面白いのだろう。

24 最近、胸キュンしたことは？

妹が久しぶりに電話してきてくれた！

25 最近、やらかした失敗は？

俳優の綾野剛さんと、L'Arc～en～Ciel の hyde さんの誕生日会で、飲みすぎてしまったこと。あの日は、テキーラ50杯ぐらい飲んだよ（笑）

31 ローランドが思う「いい女」って？

美しくて品のある女性。そしてプライドのある女性。

ローランドと家族

32 もし、あと1日しか生きられなかったら、どこに行って誰と会う？

家族のもとへ行って、家族と会う。

33 家族の中でローランドに大きな影響を与えている人物は？

父

34 両親からしてみたら、ローランドはどんな子どもだったと思う？

そりゃ見てわかるとおり、可愛くて可愛くてしょうがない子どもだったに違いないね！　ね！

35 子どもの頃の一番印象的な記憶は？

父の弾くギターを聴いたこと。そして、毎日のように暗くなるまでサッカーをしていたこと。

36 子どもの頃好きだった遊びは？

サッカーはもちろん、昔から鏡を見るのが好きで、よく鏡の前でキメ顔したりしていました。

37 双子ってどんな感覚？

二卵性なので、双子というより普通の妹といった感覚で育った。でも、やっぱり感性や価値観はびっくりするぐらい同じだったりすると、やはり双子だなーと感じる。

38 家族の中で特に仲がいいのは？

みんな仲良し。

39 ローランドにとって家族って？

心安らぐ場所。なにより大切な存在。

もし、ローランドが……

40 平成の次の元号をつけるなら？

露《ろー》蘭《らん》

41 結婚して将来子どもが生まれたら、なんていう名前にする？

エリーゼ

『エリーゼのために』という曲が昔から好きで、女の子が生まれてきたらエリーゼという名前をつけたいと思っている。その前に結婚したい！　と思える女性に出会えるかどうかが問題だけど！　妥協するぐらいなら、ずっと独身でいい。

42 自分をたとえるなら、なんの動物？

アフガン・ハウンド

とにかく見てほしい。俺にそっくりだから。

49 お金のことを考えなくていいなら、なにをして暮らしたい？

もう、あまり考えていない。損得ではなく、自分が情熱を感じることだけをやっているつもり。金のために、自分に嘘をつく人生は嫌だ。

50 もし、自分が総理大臣だったらどうする？

ローランダーは、消費税を免除（笑）

51 もし自分がインタビュアーだったら、誰になにを聞きたい？

マネージャー。いつも振り回してばっかりだけれど、ちゃんと俺のこと好きでいてくれてる？（笑）

52 「どこでもドア」があったら、どこに行きたい？

パリ

何度行っても、あのロマンチックな街並みと優雅な空気は新鮮に感じる。毎年１回は、必ずパリに行く。世界で一番美しい街。

53 タイムトラベルできるなら、過去と未来どちらに行く？

過去

ビンテージのクラシックな物が好きだから、60年代とかにタイムスリップしてクラシックでレトロな物に囲まれて過ごしてみたい。

54 亡くなったミュージシャンや俳優を、一人だけ復活させられるなら誰？

フランツ・リスト（Franz Liszt）。魅せるピアノという概念を初めて作ったナルシシズムに満ちた演奏を、是非一度、生で見てみたい。

43 もし時間を巻き戻すことができたら、何歳のとき、もしくはどんな瞬間をもう一度生きたい？

18歳

ホストになりたての頃。あの時、今ぐらい大人になれていたら、もっとお客様を楽しませてあげられたと思う。でも基本的に、今が一番楽しい。

44 できることならもう少し深く勉強したいことはある？

語学

妹が４ヶ国語しゃべれるのを見ていると、心底羨ましいと思う。

45 たっぷり時間があるなら習いたいことってある？

カメラ

美しいものを綺麗に撮れたら、とても楽しそうだから。

46 本、ドラマ、映画の世界で生きられるなら、どんな作品の世界に住みたい？

男の永遠のバイブルである、映画『007』。ジェームズ・ボンドになってみたい。

47 自分が主演するならどんな作品がいい？

映画『007』一択

48 映画監督になれるならどんな作品を作りたい？

アクション系。恋愛をしたことがないから、もしラブロマンス映画を作ったとしたら、恋愛を美化しすぎた相当浮世離れしたものになってしまうと思う（笑）。

60 今、誰かと対談できる企画があったら誰としたい？

自分自身

自分がインタビューしたら、もっと自分の魅力を世間に伝えることができる気がする！（笑）

61 人生で一番の成功体験ってなに？

俺に生まれたことが、もう成功の瞬間。

ただ、強いて言うなら、入学早々に大学を辞めたことは、人生において最も有意義な決断であり成功体験だと思う。

62 人生最後の言葉は？

「生まれ変わっても俺がいい」

63 死後、世の中の人達にどんな人だったと言われたい？

「ローランドを定義する言葉が見つからない。ローランドは唯一無二だった」
と言われたいものだ。

64 もし、ほかの人に生まれ変わってしまうとしたら誰がいい？

自分

絶対に自分がいい。

65 変えられるなら変えたい自分の欠点や弱点はある？

欠点や弱点も含めて自分の魅力だと思っているから変えたくない。そのままの自分が愛しくて大好き。んまぁ、完璧主義なところは、たまに自分でも疲れてしまうことはあるけれど。

55 無人島への持ち物は３つまでなら、なにを持っていく？

鏡。タキシード。サッカーボール。

鏡は見ていて時を忘れるし、タキシードは男としてのロマンが詰まっている。それに、サッカーボールと健康な身体があれば、とりあえず過ごせるかな！（笑）

56 人間じゃないものに生まれ変わるなら？

クラゲ

毎日のんびり優雅に泳いで過ごすって、どんな気持ちなんだろうか？

やっぱりローランドが好き

57 今のローランドに大きな影響を与えている人物は？

誰からも大きく影響を受けたことはない。自分は生まれながらにしてすでに自分だったし、誰かに強く憧れたり目指したりはしてこなかった。

58 これまで会った人で、誰に会ったときに一番緊張した？

基本的に人に会うときに、あまり緊張はしないほう。

59 本、ドラマ、映画から自分に似ているキャラクターを一人選ぶとしたら、誰？

キャラクターとかではないけれども、自分自身マンガの主人公のような人生だなぁと思うことが多い。最後の最後で絶対に勝ってきたし、ドラマチックな逆転劇や美味しいところは、だいたい自分が持っていく。きっとそういう星の下に生まれてきたのだと思う。

エピローグ

この本の発売日である3月11日は、日本人ならば一生忘れられない日だろう。

東日本大震災。

多くの堪え難い苦しみが日本を襲った。

8年前、俺は高校三年生で、壊れていく我が国を、ただただ無力に見守るしかできなかったことを覚えている。


日本が悲しみに暮れているその年に、俺はホストという仕事に出合った。

当時は一日一日暮らすのが精一杯で、毎日どうやったらお金をたくさん稼げるかばかりを考えていた。

主語はすべて「自分」で、自分のこと、金のことばかり。

人の幸せなんて考えられなかった。

そんな気持ちに変化が生まれたのは、結果が出始めてからだ。

下積みこそ長かったが、徐々に結果が出るようになった。

それに付随《ふずい》して、

「貴方に会えて、もっと頑張ろうと思えました」

「貴方に元気をもらいました」

「貴方がいるから、今の私がいる」

そんなふうに言われることが増えた。

その言葉は俺にとって、多くの給料を手にすることと同じ、いや、時にはそれ以上の喜びを感じさせてくれた。

人のことを幸せにできるって素晴らしい、と知った瞬間だった。


この本で得られる収益は、全額寄付することを表明している。

まず半分は、カンボジアの子ども達の育英のために。

いったいなぜカンボジア？　と疑問に思う方もいるかもしれない。

その理由は、以前に仕事でカンボジアに行ったときのことだ。

俺はスタッフとはぐれてしまい、たまたまiPhoneの充電がなくなり、タクシーも停められずに、見知らぬ国で困り果てていた。

そんな時、とある親切なカンボジア人がモバイルの充電器を貸してくれたのだ！

見ず知らずの俺に！　困ったときはお互い様だからね、と。

些細なことだが、その時の感謝は今でも覚えている。

あの時充電できなかったら、スタッフと合流できず、今もまだカンボジアの街を彷徨《さまよ》っていたかもしれない。


そんな温かい国、カンボジア。

話を聞くと、特に農村部の貧しい子ども達の多くは、悲しいことに、生まれたときにはもう将来が決まっているようなものなのだという。

それも暗い将来が……。

未来への選択肢が、最初からないのだ。

学校にも行けず、やりたいこともできず、ただひたすらに労働力として生きて、貧しいまま死んでいく。

パイロットになりたい、サッカー選手になりたい、年頃の男の子なら誰でも描くであろうそんな夢は、生まれたときから叶わないことが決まっている……。

そんな現状を聞かされた。


自分の努力が足りずに、夢が叶わないことはしょうがない。

でもそれが、自分の努力以外の要素で決まってしまうならば、非常に悲しいことだ。

生まれる場所や環境は、自分では選べないのだから。


そんなカンボジアの子ども達に、チャンスと選択肢を与えたい。

あの時の親切を、そうした気持ちで返したい。そう思った。

見ず知らずの思い入れがない場所にまで慈悲の心を持てるほど、まだ俺は大人ではない。

逆に、思い入れがあるからこそ、本気で頑張れる。

だからこそ、カンボジアなのだ。困っていたらお互い様だ。

そして、3月11日に発売するこの本。

残りの半分は、愛する我が国の復興の力になるために、寄付させていただきたい。

そして、この本を通じて明日への活力と生きていく勇気も、併せてプレゼントしたい。

素敵な人生になるか、中途半端な人生になるか。

厳しいことを言うようだが、最後は自分の頑張り次第なんだ。

周りが手助けをしてくれることもあるだろうが、君の代わりに君の人生を歩んでなんてくれない。

自分の人生、いやでもこの足で歩かなくてはいけない。

被災地をはじめとする日本の人々に向けて、少しでもその手助けになれたらという願いも込めて書いた。


つらくなったら、悲しくなったら、いつでもこの本を読んでほしい。

ローランドは、いつでもみんなの味方だ。

テレビを通してでも、YouTubeを通してでも、なんでもいい。

あいつが今日も頑張っているんだから、私も頑張ってみよう！

そんなふうに思っていただけたら、ローランドとしてこんなに幸せなことはない。

断っておくが、俺は生まれながらの善人である！　とは、とてもじゃないが言えない人間だ。

前述のとおり、自分に余裕がないときは人の役に立ちたいなんて、微塵《みじん》も思えなかった。

嘘をついたことも数え切れない。

間違いもたくさんおかしたし、迷惑だってたくさんかけてきた。

卑《いや》しい気持ちやズルい考えだって、人並みには持っていると思っている。

正直言うと、この出版の話が来たとき、印税で新しい車でも買うかなーなんて考えたりもした。

だけれども俺は、もともと大切な物は一個あれば十分で、そんなにたくさんの物が欲しいと願う人間じゃない。

最高に気に入っている車も、スーツも、時計も、靴も、もうすでに持っているんだ。

そして、家族にも友人にも恵まれている。

もう十分すぎるほどの幸せを、すでに手にしているじゃないかと。

そう思ったときに、今回の執筆は自分のためではなく、みんなのために頑張ってみよう！

俺の力で、世界を明るくしてみよう！

幸せを、みんなとシェアしよう！

8年前に感じた、あの言いようのない無力な自分から成長したと、自分自身に証明したい。

純粋にそう思った。


すると、自然と筆が進むから、人とは不思議だ。

意外にも、自分のために頑張るよりも、人のために頑張るほうが仕事が進むのだ。

人のためになにかをしたいと思うときの人間のパワーというものを、改めて感じた。

だから、この本はみんなのおかげで書けた本だ。

本当にありがとう。


最後に、様々な手助けをしてくれたこの本の関係者の皆様。

こだわりが強すぎて、相当迷惑をかけてしまったことだろう。

でもお互い本音でしゃべったからこそ、こうして納得いく作品ができた。

本当にありがとう。


また、俺を支えてくれるスタッフ一同。

そしてなにより、家族と友人。みんなにも感謝を伝えたい。みんながいるから俺がいる。

逆に言えば、俺がいるからみんなもいるんだけど（笑）。

とまあ、冗談はこれぐらいにして……。

本当にありがとう！


そして、この本を読んでくれたみんな、改めて、ありがとう！

いつかどこかでみんなと会える日を、俺は楽しみにしているよ！

ROLAND

２０１９年２月

ブックデザイン	小栗山 雄司
撮影	428.kei/muse design&edit
本文 DTP	株式会社アイ・ハブ
校正	株式会社鷗来堂
	株式会社麦秋アートセンター
英訳	宮下 典子
構成	百瀬 しのぶ

ROLAND（ローランド）

1992年7月27日、東京都出身。血液型AB型。身長182cm。ホスト、ファッションモデル、タレント、実業家。現代ホスト界の帝王と称される。株式会社シュヴァルツ所属。ローランデール株式会社会長および株式会社シュヴァルツ、株式会社ROLAND ENTERPRISEの代表取締役社長を務める。高校卒業後、大学に進学するも入学早々に自主退学し、2011年4月、18歳でホストを始める。2013年、21歳の時に史上最高額の移籍金で KG-PRODUCE に移籍し話題になる。2017年、25歳の時に同グループ取締役に就任。2018年7月のバースデーイベントでは 6000万円以上の売上を記録し、グループ歴代売上最高記録保持者となる。同年末に現役ホストを引退。2019年1月、独立。ホストクラブ「THE CLUB」のオーナーを務めるかたわら、美容品のプロデュースやアパレル事業、メンズ美容サロン「ROLAND Beauty Lounge」のオーナーも務めるなど、実業家としても活躍中。メディア出演多数。本書が初の著書となる。

本書において著者に支払われる印税は、カンボジアの子ども達の育英と、東日本大震災をはじめとする日本各地の復興のために全額寄付されます。

OFFICIAL WEB SITE：http://roland-official.com/
Twitter: @ roland_0fficial
Instagram: roland_0fficial

俺《おれ》か、俺《おれ》以《い》外《がい》か。
ローランドという生《い》き方《かた》

2019年 3 月11日　初版発行
2021年 3 月 5 日　20版発行

著　者　ROLAND（ローランド）
発行者　青柳 昌行
発行　株式会社KADOKAWA
〒102-8177　東京都千代田区富士見2-13-3
電話　0570-002-301（ナビダイヤル）
印刷所　大日本印刷株式会社

●お問い合わせ
https://www.kadokawa.co.jp/（「お問い合わせ」へお進みください）
※内容によっては、お答えできない場合があります。
※サポートは日本国内のみとさせていただきます。
※Japanese text only

定価はカバーに表示してあります。

ISBN 978-4-04-604137-1　C0030